直播变现

电商主播带货必备手册

杜子建 著

首都经济贸易大学出版社
Capital University of Economics and Business Press
·北京·

图书在版编目（CIP）数据

直播变现：电商主播带货必备手册/杜子建著. --北京：首都经济贸易大学出版社，2020.12

ISBN 978-7-5638-3122-7

Ⅰ.①直… Ⅱ.①杜… Ⅲ.①网络营销—手册 Ⅳ.①F713.365.2-62

中国版本图书馆CIP数据核字（2020）第245102号

直播变现：电商主播带货必备手册

杜子建　著

ZHIBO BIANXIAN DIANSHANG ZHUBO DAIHUO BIBEI SHOUCE

责任编辑　佟周红　彭　芳

封面设计　子鹏语衣

出版发行　首都经济贸易大学出版社

地　　址　北京市朝阳区红庙（邮编 100026）

电　　话　（010）65976483　65065761　65071505（传真）

网　　址　http：//www.sjmcb.com

E-mail　publish@cueb.edu.cn

照　　排　北京砚祥志远激光照排技术有限公司

印　　刷　唐山玺诚印务有限公司

开　　本　710毫米×1000毫米　1/16

字　　数　255千字

印　　张　14.5

版　　次　2020年12月第1版　2021年6月第1版第3次印刷

书　　号　ISBN 978-7-5638-3122-7

定　　价　68.00元

图书印装若有质量问题，本社负责调换

前　言

2020年是直播电商发展井喷之年！

说到直播，就不得不提2016年的千播大战。当时以“一直播”“映客”“YY直播”等为代表的近千家直播平台如雨后春笋般成长壮大，以“小咖秀”“美拍”等为代表的短视频平台也在短时间内爆火，迅速吸引了大批年轻用户。细究其原因，离不开移动互联网速度的提升和网民基数的持续增长，文字与图片传播已经不能满足用户需求，短视频逐渐成为一种更为流行的表达方式。

“模式简单，需求直接”，是对2016年直播最贴切的形容。直播平台负责拉流量，直播间里的小哥哥小姐姐们各凭所长：吹拉弹唱、舞蹈杂技……粉丝对其打赏，最后主播和平台分佣。

从秀场直播走出来了许多优秀主播，他们现在依然活跃在直播平台和各种综艺节目上。但秀场直播的火爆状态维持了不到3年，中小平台逐渐没落，一些较大的平台也没能坚持到最后。“秒拍”流量流失，“一直播”并入微博，“六间房”与“花椒”合并，甚至曾经火爆一时的“熊猫直播”也宣告关站，引起行业一阵唏嘘：直播是不是不行了？

当大家都在为直播的前景感到迷茫时，直播电商突然冲出重围，出现在大家的视野里，让直播从业者看到了新的商机。其实早在2016年移动直播爆火的时候就有不少平台敏锐地捕捉到了其中的商机，开始布局直播电商，像淘宝、蘑菇街、京东等都在第一时间将直播与电商相结合。我按照时间顺序，给大家梳理一下几大平台直播电商的兴起历程：

拿现在最火的淘宝直播来说，2016年秀场直播吸引大多数人注意的时候，淘宝的直播还处于无人问津的状态：商家参与度、积极性都不高，对能否直播卖货这件事持怀疑态度；没人想当主播，都想观望一下。但淘宝并没有因此砍掉直播功能，而是默默蓄力，因此逐渐吸引了一些机构和主播入驻淘宝，不断更新迭代直播带货的玩法，直到线上线下平台全贯通，更多人看到了直播带货的力量，这也打破了传统电商循规蹈矩的销售模式。直到2019年，大批商家看到商机开始参与进来，精耕细作，各种垂直类直播蓬勃发展起来。

2016年5月份，蘑菇街上线了直播功能，行业里有句话这样说：是蘑菇街的直播救了蘑菇街。为什么这样说？因为蘑菇街主打货品是女装，但女装平台既多又杂，难以和其他的全品类平台抗衡，在快速打通女装直播后，蘑菇街逐渐把重心转移到直播，占据领先的地位。上线3年的时间，蘑菇街成功开发直播间内下单无须跳转、一键购买的功能，并开创了“直播+红人+电商”的商业模式，形成一个完整的商业闭环。直播在2019年已成为时尚内容的重要载体和潮流商品的最佳销售场景。

2016年9月，京东也推出了直播功能，但是京东直播的功能并不在网站首页，需要从首页点到发现页，再到直播页，相对而言入口太深，因此流量不是很多，并且一直没有成为京东售货的主流方式。彼时陌陌也在致力于完善直播功能，快手也开始打造“短视频+直播”的双内容平台，而抖音才刚刚上线，一年后才开通了直播。后来小程序直播问世，以有赞为代表的小程序直播，优化了有赞线上线下的购买流程，使用手机即可开通直播功能。

通过回望这些平台的直播发展过程我们发现，经过3年的时间，随着大环境的改变和平台的探索，“直播+电商”逐渐成为焦点。

回望2016年，不禁感慨：原来直播间里除了小哥哥小姐姐，还会有琳琅满目的商品；除了号召粉丝打赏，竟然还能有这么多的变现场景。从最初的互联网式社交，到集流量与变现为一体的社交电商，主播的工作内容从表演和聊天变成销售，创收方式也由打赏变为带货，两者的对比一目了然。秀场直播转变到电商直播后，效果更明显、持久。

2019年“直播+电商”持续发力，至此，不到3年的时间，直播电商的发展已突破了原有想象，头部平台开始注重直播的运营，商家也纷纷转战直播。以淘宝、抖音、快手、微信为代表的大平台迅速抢占市场，在2019年3月的淘宝年度直播盛典上，淘宝直播官方表示：2018年直播带来的成交额超过1 000亿元，同比增长近400%，81个直播间成交过亿元，5家机构引导成交破10亿元；2019年将打造10个销售额过亿元的线下市场和200个销售额过亿元的直播间。通过这几个数字，我们能感受到淘宝直播带来的显著收益以及淘宝直播巨大的发展潜力。

但这远不是直播电商的天花板，甚至可以说还没有进入真正的红利期。淘宝内容生态总经理闻仲说过这样一句话："经过3年的探索，直播已成为电商的标配而不是选配。"负责淘宝直播的赵圆圆也说过淘宝直播目前仍处于幼儿园阶段，可见她的期待有多高。不过目前直播电商的大环境和具体玩法在不断更新和迭代中趋于稳定，电商平台纷纷开始注重直播带货。从毫无起色到成为主流模式，电商直播只用了不到3年的时间。其快速崛起的背后一定有巨大的商机，多数勇敢者尝到了甜头。从直播的兴起历程来看，经过3年的磨合，直播找到了更适合用户的发展模式，找到了和电商结合变现的平衡点，且已经趋于稳定。因此，综合来看，现在是加入直播电商的好时机。

虽然2019年直播电商很火，但真正分享到直播电商红利的人并不多。一部分人在观望，一部分人在起步。对于商家来说，直播电商最直接的优势是大大降低了商家的获客成本。如果身在互联网行业，那就能清楚当下流量获取的艰难，互联网进入"寒冬"，线上获客成本逐年增高。我们收集了几个头部电商平台获客成本的数据：根据各平台财报测算，2018年京东获客成本高达1 503元/人，2016年这个数字还是142元/人；相比之下，阿里2018年的获客成本为390元/人，尽管比两年前的526元有所下降，但也高出2015年的160元/人2倍多；拼多多2017年的获客成本仅为7元/人，2018年它的获客成本虽然相对于其他平台仍为最低，但也比前一年高出了十倍多。除了获客成本，我们还需要考虑一下产出比，即当期市场营销费用与用户活跃度之比。拼多多单一用户获取与留存成本为32.11元，与阿里（62.54

元）、京东（63.0元）相比较低，但也在逐年增加。而直播电商的模式则有效解决了这个让人头疼的问题。例如，熊猫App的倒闭和许多直播平台的惨淡经营让许多拥有大量粉丝的主播无所适从，但直播带货又开辟了新的变现领域。主播本身自带流量，再加上外部流量的引入，主播和电商平台双效合一，有效地降低了获客成本。

除了转化，流量也是不可忽略的重要因素。我们再来看一组数据：我国电商覆盖的人群数和在线直播的用户数。艾媒网的调查数据显示，2018年中国在线直播用户规模达4.56亿人，增长率为14.6%。直播市场发展回归理性，对平台的内容生产、主播培育和引流能力有了更高要求；而电商覆盖的人群更为广泛，两者都在快速增长。试想一下，如果商家全部开通直播或者在线直播全部与带货结合，将产生超乎想象的能量。此外，“直播+电商”也直接省去了拉新、留存、促活的步骤，大大缩短了变现的路径。主播带货常推的一个“点”就是优惠，但是拿到低价产品是一个难题。相对来说，工厂有货品，却苦于没有流量难以出售。主播和工厂结合，将产品直接从工厂带给消费者，主播拿到一手价格，工厂的库存压力也会减小。

如果解决好人、货、场的问题，那做好直播电商就很容易了。众所周知的淘宝第一主播薇娅，她的直播过程通常都有上百万人观看，她直播间里的商品都是靠抢才买得到。薇娅从2017年直播5小时带货7 000万元，到2018年9月直播5小时带货1.02亿元；再到2018年10月10日直播5小时带货1.5亿元；2018年她全年引导了27亿元的交易额。薇娅的直播间拥有数百万粉丝，其单场直播观看人数一度达到800万人，甚至单场带货过亿元的目标也可以轻轻松松达成。薇娅在全网的达人主播带货月榜中稳居榜首。

可与薇娅相媲美的还有李佳琦，李佳琦的逆袭在一定程度上证明了直播电商的可行性和直播空间的延展性。在成为“口红王子”之前，李佳琦只是一个每月拿6 000元薪资的普通彩妆师。机缘巧合之下，他成为一名淘宝主播。从此，他开始了选品、直播不断循环的工作，直到2019年在抖音因为口红试色而爆火。2个月的时间，他抖音涨粉1 400万+，获赞9 630万+，甚至在淘宝直播间打败过马云，也因此得到了一个称号：“口红一哥”。从素人到“口红一哥”，李佳琦仅仅用了几个月的时间，在流量就是金钱的今天，他通过直播带货一跃成为淘宝直播的红人，身价上亿。

薇娅、李佳琦这两位头部主播在逐渐积累粉丝的过程中越来越难被模仿，那有人会问：我没有做过主播，也不是网红，我能去做直播带货吗？我想告诉大家一句话：薇娅和李佳琦在成为TOP主播之前，都是素人。即使是中尾部账号，依然能通过直播电商实现带货和销量的增长。

如果要做直播电商，一定要先搞懂直播电商的整个运营思路，不能盲目去做。只有按照正确的逻辑去做，才能少走弯路。那到底要怎样才能少走弯路呢？我总结了以下三点：

第一点，做直播电商，要形成内容种草、直播收割的闭环。首先，用户进到直播间，一定是被你的内容吸引来的，打动用户的可能是封面，也可能是标题，但在进入直播间之后一定是你在直播间里传递给他的信息。

他可能原本没有某方面的需求，你的内容要能激发他的需求。对于电商来说，需求就意味着生意，意味着成单。除了内容，直播间还要讲究氛围，要有可信赖的外部网络环境，目标就是在需求的作用下快速成单。这就是我们所说的内容种草、直播收割的业态，这也是在“直播+电商”模式下摸索3年之后找到的商家、主播和用户之间的一个平衡点。

对于商家和主播来说，做直播电商都是一件低成本的事情。商家可以请专业主播，甚至可以选择自己出镜，通过直播间实现和用户之间的链接。商家只需要预告直播时间而不是每天守在线下店。跟做传统电商需要前期花费大量的营销费用比起来，直播属于成本更低、更有保障的卖货模式。另外，在直播间里，用户以评论的形式互动，只需要打字提问，主播就会回答用户的问题，甚至可以试穿、试用用户指定的商品。而且直播间里许多玩法很有趣，能快速地调动用户的互动激情，最终呈现出来的结果就是直播间里的成交率普遍高于传统电商或者纯图文店铺的成交率。综上所述，商家和主播在成本降低的前提下实现了营收的增加，这就是直播电商的魅力所在。对于用户来说，线下购物太麻烦，直播购物既节省时间，又能看到产品的真实效果，而且直播间里购物有很多的优惠，产品价格比实体店要便宜得多，再加上用户对品牌或主播的信赖，从而下单快速麻利。

第二点，重视垂直化直播，因为直播电商的最终结果一定是垂类直播。在内容种草、直播收割的业态下，精细化运营的优势开始显现。在越来越多的商家开通直播的情况下，如何运营得更好成为大家绞尽脑汁思考的问题，于是精细化运营开始被注重，垂直化直播开始发力。垂类直播之所以受欢迎，我总结了以下原因：一是用户对商品的要求往往越买越高，对商品的复购率高。如果商品直播面向的是全平台用户，这个基数非常大，但不够精准，可能直播间内有100人观看，只有一个人购买，但垂类直播间相对来说更加具有针对性，用户定位更清晰，相对转化率也会更高。二是利润空间大。就拿近两年很火的玉石直播来说，价格完全不透明，多少钱成交全凭主播的一张嘴，只要能说、会说就不怕赚不到钱。三是目前电商行业竞争激烈，已经完全白热化，比价严重，获取流量不容易。相对来说垂类直播面临的竞争更小。因此，目标用户更清晰、直播内容健康且有明确方向、平台定位更细分且更有深度的垂直化直播，才是直播行业下一轮的布局。

第三点，也是直播电商最核心的一个点，就是把转化做到极致。那么，如何做到呢？在这里需要先讲一个流量的问题，2019年有机构提出了一个新词：私域流量。诸如阿里、腾讯等各大互联网巨头也在纷纷布局私域流量，那么，什么是私域流量呢？从属性上，私域流量有三大特征：一是为自己所有；二是可以免费使用；三是可以反复触达。与私域流量相对应的是公域流量，而公域流量的三个特征跟私域流量是相反的：一是为平台所有；二是需要付费使用；三是一次性使用。像淘宝、天猫、今日头条的首页等都是公域流量，抖音也属于注重公域运营的平台，而个人的微信号、微信群等均为私域流量。快手、微信公众号等则介于两者之间，既重公域，又重私域，而且是能从公域流量引到私域流量的平台。

流量获取艰难，获客成本居高不下，于是才有了私域流量的概念。当主播所拥有的流量为私域流量时，才是真正能反复利用的流量；基于熟人之间的信任感和互动，把流量最终导入为私域流量是变现最有效的方法之一。对于直播电商来说，如何构建自己的私域流量池呢？首先，我们需要借助外部流量让他们进入我们的直播间，用户待在你直播间里，在这段时间内他就属于你的私域流量。但是这只是暂时的，他这次进了你的直播间，下次可能会被别的直播间所吸引，所以你要在有效的时间内增加用户的停留时间，引导其关注直播间，甚至引导其购买。增加用户的停留时间是为了让他对你产生兴趣，以便进行下一步的操作。只有让他关注你，才能让他找到你，自然而然成为你的忠实粉丝，甚至会帮你宣传，拉他的朋友进直播间来围观。

我们都说直播带货的转化率高，是因为直播最核心的一个点就是如何把流量转化做到极致，而流量私域化则是让直播间不断提高转化率的重要举措。做直播电商必备的三个逻辑和思路，用一句话简单来说就是：做好内容，形成闭环；精细化运营，重视垂类；构建私域，建立自己的鱼塘。

最后回到我想要讲的："为什么2020年一定要做直播电商呢？"首先，我们分析了直播的发展历程，从秀场直播到电商直播的转变，了解到了背后的原因。其次，我们看到了做好直播电商带来的效果，即相对于传统电商能有效降低获客成本，提高转化率。最后，我们分析了做直播电商应该具备3个方面的逻辑和思路，分别是：做好内容，形成闭环；精细运营，重视垂类；构建私域，建立鱼塘。其中的重点和难点在于运营思路的理解和实践，构建私域流量，也是主播在直播的过程中需要格外注重的部分。直播和电商的发展达到了一个最佳的平衡点，红利明显，有人已经站在风口并获利颇丰，运营思路也证明了这种模式的可行性。平台继续拓展，商家做好流量的私域化，主播做好专业内的事情，加上外部条件和用户习惯的培养，做好直播电商其实没你想象的那么难！

目　录

第一章

直播带货红利趋势解读

名词构成了我们对世界的认知，

认知的边界就是个人财富的边界。

——杜子建

1.1 如何借力直播电商抓住新商机

直播电商呈爆发之势，直播已然是电商的标配，成为电商新出口。众多电商平台和商家纷纷试水直播电商，大家无疑都看到了这是一个新的机会，尤其在市场尚未完全成熟的时候，意味着有更多的机会。

对想加入直播电商队伍的小伙伴们来说，肯定是越早参与进来越好，那我们应该如何借力直播电商抓住新商机呢？现在我们从个人端、产品端、主播养成等三个部分来分析。

1.1.1 个人端：个人入局直播电商的渠道

李佳琦在他的首次公开演讲中，借茨威格的金句“个人生命中最大的幸运，莫过于他还年富力强的时候，发现了自己的使命”，引出了自己的金句：“一个人更大的幸运，是在发现自己使命的时候，遇到了风口”。可能很多人都很羡慕这样的幸运，也希望自己能够在风口上有所作为。正如2019年火爆的直播电商，很多人也不希望错过，那作为个人端应该如何加入进来呢？即使是在风口上的新商机，也不能贸然抓取。既然是借力风口，当然就得有技巧地借力，不能慌张进入、仓皇而出，参与之前需要先找准个人定位，确定自己的角色和风格等。

直播电商说白了就是直播与电商的结合，直播为形式，电商为实质，其实说到底是为了卖货。所以直播电商从分工上来讲，可以大致分为主播团队、内容团队、运营团队。进行这样的分类，对于个人入局直播电商来做选择就容易多了。那么，这三个团队的工作内容是什么呢？首先是主播团队，主播团队会因团队的大小而有差异，一场直播至少需要一位控场主播，可以根据实际情况增加一位主播助理，除此之外还需要场外人员和技术人员的协助。具体到直播间，需要将工作分配好并把责任落实到每个人身上。

其次是内容团队。内容团队也称为策划团队，工作内容包括撰写直播脚本、策划直播内容，另外还有进行场控、控制直播间节奏等。

最重要的是运营团队。运营团队的分工是比较细的，大多数都会包括商品运营、活动运营、数据运营，以及粉丝运营（也可以叫用户运营）。其中，商品运营团队需要找合适的货源，也就是选好货，要挖掘产品卖点并培训主播团队，还要进行商品的优化及数量的配置。活动运营团队主要负责搜集活动信息并执行活动事项。电商平台本身也有大大小小的活动，主播可以根据自己直播间和粉丝的具体情况设置节日，也就是“造节”，这就需要视具体情况而定了。数据运营也很重要，团队需要做好数据统计工作，包括每天直播完做直播相关数据统计，尤其是统计销售额、转化率、进店率、粉丝加购、直播时段、在线人数变化等，并根据这些数据情况做好优化，用于第二天的直播调整。粉丝运营现在越来越受重视，尤其是私域流量运营兴起后，大家更加重视粉丝的精细化运营，所以现在很多运营团队增加了粉丝运营团队。

跟大家讲直播工作岗位和内容，是为了让大家更好地了解直播电商的工作，方便进行入局选择。大家要根据自己的个人优劣势做综合分析，如可以根据自身情况结合直播电商的工作内容做SWOT分析，找出最适合自己的入局方式。

1.1.2 产品端：商家应该如何抓住当下红利

产品端的商家本来就处在直播电商的范畴内，对直播电商的变化应该是更敏感的，但我们这里讲的产品端的商家不仅指有店铺的商家，也包括有货源、自己能生产或能拿到优质货源的商家，这也是我们对产品端的商家做的一个简单的分层。对于不同层次的商家，在入局直播电商时也是有区别的，不过总的来说，对于产品端商家而言，其最终目的都是为了出货。

先来看下商家直播的场景。从2017年开始，淘宝直播整合天猫直播后，直播开始从“达人直播”扩展到“店铺直播”，越来越多的店铺加入直播大军。如果大家留意现在的淘宝直播就会发现，目前在淘宝直播的主播中，商家占比过半；而且目前做“店铺直播”的商家，很多都在做私域流量运营，因为公域流量的缺失及流量成本越来越高，让越来越多的商家更注重私域流量的获取和维护。而且淘宝也进入了“内容”时代，能让粉丝看到商品更详细的展示内容和具体信息，从而更便于粉丝下单。

在这样的大背景下，商家加入直播大军的原因也就一目了然了。第一点就是：激活老粉丝。对开店时间长的商家来讲，很多老粉丝已经不活跃了，直播可以让老粉丝重新认识店铺，并拉近关系。第二点是：拉新用户。平台针对新主播会有一定的扶持政策，而且平台对于直播的支持也会带入很多新用户。如果你的直播间内容质量不错，就有很大机会增加新用户。第三点是：提升产品展示效果。直播出现之前展示产品只有图片或短视频+文字的形式，难以让用户全面地了解产品，直播的出现可以让商家更全面地展示产品并详细讲解产品卖点，还可以增加与粉丝的互动，这样在提升产品展示效果的同时也会带来销量的增加。第四点是：提高用户黏性。直播间也是商家维护私域流量的重点，尤其是具有人设的主播，会吸引相应的粉丝持续观看，增加了粉丝与商家的接触率。第五点是：适应变化。作为对风口敏感的商家，绝不会轻易让自己错失直播的风口，同时也要接受平台的变化和店铺运营的内容化，这样才不至于落后于别的商家。目前的商家直播，可以分为自己直播和客服直播两大类型。一般自己能够直播的商家多为电商达人，可以是纯达人，也可以是有自己的淘宝店铺或天猫店铺的达人；客服直播的商家一般会找别人来直播，像淘宝店或天猫店可以在自己的团队中选合适的人来直播或招聘新人进行直播培养，还有一种方式就是找其他达人进行合作，以分佣的形式让其他达人帮店铺来带销量。对于直播的应用，不同的商家会根据自己的具体情况做调整。对于已经品牌化、产品本身销量很大的大商家来说，开展直播只是为了配合店铺的运营，这样的商家销售渠道较多，用户的黏性较强，所以它们对直播的依赖性并不高。但是对于之前没做过电商，没有其他销售渠道的商家来说，直播是它们获取用户、增加销量的最佳渠道。甚至还有纯靠直播销售产品的商家，比如很多做翡翠玉石类生意的商家，这样的商家对直播的依赖程度是很高的。也有主要靠发布任务让达人主播帮店铺做直播转化的商家，这些商家本身没有自己的主播，或者自己的主播还不够成熟、带货能力差，它们更愿意找成熟的主播来促进店铺某些主打产品的销量。

当然还有一部分商家会通过多种形式的结合以提高店铺产品的整体销量。其实，现在能够增加电商销量的渠道还是很多的。例如，有像小红书这样的种草平台，很多商家会找一些关键意见领袖（Key Opinion Leader，KOL）、关键意见消费者（Key Opinion Consumer，KOC）或让素人写种草笔记，引导用户到电商平台进行购买；在2019年爆火的短视频平台宣传，像抖音短视频平台，很多素人都可以在抖音上做短视频带货，用户通过短视频链接可以直接跳转到电商平台下单；还有应用社交平台微信，通过微信转化到电商平台的订单量不在少数，很多商家通过社群、朋友圈开展低成本的营销，收入可观。

可以说电商的带货渠道有很多，直播是其中很重要的一种方式。想做好直播是需要不断总结和学习的，现在入局想快速做好并不容易，尤其是在一些领域已有做得很好的商家和达人，那我们就应该想想如何利用差异化做好自己的直播。可以从以下三个方面来打造差异化：展示产品、互动环节、增加附加价值。首先来讲下如何展示产品。展示产品要选好对应的方式。例如：服装是用身体展示的；美食是用嘴和表情来展示的，也就是要有试吃的体验和感受输出；美妆是用脸蛋展示的，是否可以画出适合不同场合的妆容便于用户学习很关键；珠宝是用手来展示的。所以说在直播前就要设置好展示产品的方式。互动环节是留住粉丝、带动粉丝增加消费的关键因素，如果粉丝只听主播在讲，很容易产生听觉疲劳。因此，可以在直播中穿插一些互动环节，比如玩游戏、回复关键字抽奖等，这些都是能调动粉丝积极性的方式。

1.1.3 主播的养成：优秀电商主播必备的四大要素

优秀电商主播必备的四大要素是指：

第一大要素是基础要素，包括：角色认知、心态疏导以及镜头感。

第二大要素是直播间技巧，包括：站位或坐位的姿态、整体构图。

第三大要素是话术讲解，包括：话术的应用场景、讲解风格、逻辑性。

第四大要素是指四项核心技能：氛围营造、互动引导、节奏把控以及应对突发情况。

想做好电商主播首先要有对角色的认知，要清楚自己的工作内容及工作目的。电商主播的工作目的是卖货，而不应该只是为了讲解而讲解；主播的工作直接关乎销量，所以主播的工作压力还是很大的，要做好付出很多但收获甚微的心理准备；要能应对粉丝的负面情绪，要有一个好的心态，并保持好的状态。只有这样，才能有更好的镜头感，毕竟手机端有很多粉丝在观看。

直播时要讲究一定的技巧。主播在直播间中不管是站播还是坐播，都是为了更好地展示商品，如果商品体积较大且需要主播展示整体的话，那一定要站着播；如果商品体积比较小且需要主播展示细节的话，那最好是坐着播。在展示过程中一定要注意整体构图，一般来讲，主播处在镜头的中间位置，占用镜头的四分之三较好。

话术的讲解也很关键。商品介绍要符合当时的应用场景，并且能快速将粉丝带入，应用场景最好是粉丝熟悉的，不能一上来就给粉丝生硬地介绍商品。讲解的风格要符合商品的调性和主播的人设，比如如果店铺主推甜美风的女装，那主播的讲解风格也应是温柔甜美的。要注意整体的故事性和逻辑性，要知道直播的目的是卖货，讲解中的所有引导都是为了成交。

最后是主播必备的四项核心技能：氛围营造、互动引导、节奏把控以及应对突发情况。直播间的整体氛围全靠主播营造，我们会发现很多直播间主播全程都保持着亢奋的状态，这种状态会影响粉丝，可以营造出直播间很火、很多人在线观看的氛围。在这个过程中要保持与粉丝的互动，尤其是要及时回答粉丝的提问，并引导粉丝下单购买，这样的回答及引导才是有效的。因为主播在直播时不止推荐一件商品，所以要把控好每件商品的直播节奏，以保证在正常的时间范围内介绍完确定直播的商品。在直播过程中也会出现一些突发情况，这很考验主播的应急处理能力，一定要优先考虑大多数粉丝的体验，不能随意中断直播。

想成为一名优秀的电商主播并不容易，所做的努力全在细节中。先去做，再去做好，只有不断地磨炼和总结，才能达到优秀的标准。

1.2 直播电商变现中的人、货、场

本节我们从底层逻辑上来讲直播电商的人、货、场。直播电商的兴起和TOP主播带货销量纪录的不断刷新，让越来越多的人入局其中。相比之前的“图片+文案+价格”和“短视频+文案+价格”，直播在展示细节和快速与用户建立联系上具有很大的优势，能够让用户有更强烈的购买欲望并快速做出决策，同时为用户创造出了“明天”的消费需求。可以说，直播电商在电商零售业态上是一个很大的进化。整个电商的发展规律，就是围绕着人、货、场而来的。所谓人、货、场，就是消费者、商品和连接商品与消费者的渠道。目前来看，人、货、场在朝着精细化、个性化、多样化的方向进化。想要做好直播电商，一定离不开对人、货、场的思考，也一定需要人、货、场三方面的相互配合；想把直播电商做到极致，其实就是把人、货、场做到极致。

那人、货、场分别具体指的是什么呢?

先来说其中的“人”，主播是核心，主播、粉丝、运营团队密不可分。任何一场直播产品的大卖，都离不开主播对于产品的了解，对主播的表达能力、控场能力，甚至必要的表演能力均有较高的要求。一般来说，直播时主播的动作表情、语气语调要比正常沟通交流时夸张30%以上，只有这样，观众在直播间观看直播的时候才会被感染。而一场带货直播经常会以两小时为一个单元，这两个小时内能不能把控好直播间粉丝的节奏、带货节奏和成交节奏是决定直播成败的重要因素，所以一定要练好节奏把握能力，不要被粉丝牵着鼻子走。

拥有优秀话术能力的主播，能把产品卖点和优惠活动与主播自身特色和风格相结合，会让原本枯燥乏味的“读说明书”环节变得轻松有趣，也会增加直播间观众留存时间和留存概率，增大购买的可能性。直播前、中、后运营团队的配合及辅助，也是直播能够顺利进行的重要因素；粉丝的忠诚度、购买力、数量则和最后的成交息息相关。

不管是淘宝主播，还是抖音、快手主播，都必然有自己的鲜明人格，也就是所谓的人设。所谓人设，是人物设定的简称，包括名字、年龄、身高、性格特点、喜好特长等，简单来说，就是能够让粉丝喜爱的带有标签的人物。

在这个以“人”带货的电商化年代，立一个辨识度高、不被轻易取代的人设是非常重要的，当形成独特的自我标签后，至少在很长一段时间内是很难被替代和复制的。但是在不同的平台，粉丝对于主播带货的认识是不同的。例如，在淘宝直播平台，大家对一个主播“人设”的认识其实是从货开始的，也就是所谓的从“货”到“人”。例如，大家心目中的薇娅，就是一个无敌的带货女王，在她的直播间可以买到便宜好货，她因此而受到大家欢迎，她推荐的商品都被一扫而空。

但是抖音、快手上的粉丝对于主播的喜欢，其实是从人设开始的，因为喜欢这个人以及他的作品而关注他，甚至包括他的外貌、性格等。所以，当这个主播转战电商的时候，流量的转化则是从“人”到“货”的转移，大家会因为喜欢这个主播，而选择购买他推荐的产品。

人设的建立，对于跨平台拉新是很有帮助的，也就是更容易出圈。以淘宝主播为例，目前淘宝系内的流量竞争是很激烈的，对于李佳琦这样的顶级主播来说，站内流量的增长空间已经非常有限了，所以立人设，从站外引流量，就变得非常重要。所以，李佳琦在站外平台抖音、闲鱼等都开设了自己的账号。在抖音上，他以种草的形式向大家推荐美妆护肤好物，尤其是口红的试色，让他“口红一哥”的标签火出了圈，而他通过站外人设的打造，吸引粉丝到站内，形成了真正的人设流量。

人货场中“人”的另一个层面是粉丝。每一次直播，都是主播和粉丝之间的互动，因此，粉丝的经营尤为重要。比如主播薇娅，她在产品直播开始之前，通常会先抽一波奖，让直播间在刚开始就聚集人气；抢先加购的粉丝，会获得相应的奖品，增加粉丝购物的欲望；还有很重要的一点就是，对于粉丝提出的问题，薇娅和她的助理都会尽量回答，尤其是“优惠信息”“产品功能”“秒杀信息”等会多次重复，让粉丝不错过重要信息。

直播电商的用户画像是什么样的呢？25—35岁身处一二线城市以及城乡接合部的女性占比高达80%，这其中又以宝妈和全职太太居多，她们有钱又有闲，有空闲的时间留在直播间，也有一定的购买能力。而相应的用户圈层决定了主播文化，所以在直播电商里，与宝妈和全职太太相匹配的主播会更有市场，这样的主播有亲和力，专业性强，有一定的社会阅历，更容易与粉丝产生共鸣。

接着说下人、货、场中的“货”，即产品。有价格更优惠、品相更好、品质更高的货或者是“你有别人没有的”货是直播决胜的关键。卖货是直播的根本目的。主播的选品、品控的专业水平，以及对产品和品牌的讲解做到通俗易懂，是消费者决定掏腰包的重要因素。货是整个交易的关键，包括有足够优惠的货、包装独特的货、限量发售的货，以及周到的售后服务。这里主要从选品、货品分类排序、货品这三个方面给大家解读。

直播间的货到底该怎么选择呢？如果自己是厂家，有一手货源自不必选，这里主要说一下素人主播该怎么选择货源。选品的第一要素就是先进行粉丝画像分析，然后进行货品匹配。通过飞瓜数据、蝉妈妈等大数据平台可以准确分析出粉丝的性别、年龄、星座、城市分布、活跃时间、兴趣爱好甚至经济实力；然后再根据粉丝画像来确定货品档次。

货品的分类排序是决定一场直播带货节奏、效果好不好的重要因素。不管一场直播带多少种品类的商品，都大致可将商品分为引流款、战略款和利润款。引流款就是我们常说的秒杀款，其价格低、限时限量，甚至要求加入粉丝团才能参与秒杀。这款产品的主要作用就是回馈粉丝，活跃直播间气氛，把更多的普通观众留在直播间，成为直播间粉丝，掀起直播间的成交高潮。所以推引流款可以不挣钱甚至小亏都无所谓。战略款就是直播间里常说的明星同款，这类产品价格高，销量少，但是胜在大品牌，口碑好，抑或是由超级主播带过。利润款一般指网络爆款，这类产品有足够的信任背书和庞大的消费群体，是直播带货行业中利润的主力军。

货品方面需要注意的是，不管哪种类型的产品，都要保证价格优惠、商品优质，对得起粉丝的信任和自己的内心。关于货品，还要注重货品讲解，在货品讲解前要准备充足，认真了解行业和产品信息，深刻认知产品的优劣势，针对受众群体进行痛点营销。主播在讲解的时候要营造出消费场景和体验场景，突出产品质量、效果和在同类产品中的优势；同时要强调直播间内产品的价格和性价比优势，以及优惠机会不可错过等。

最终影响到主播和主播之间竞争的要素是“场”。场，不再仅指更多商场、更多原产地，以及变得更漂亮的直播间，而是指线上线下两块场，要求二者进行升级迭代。虽然只要有个场地、架个手机就可以直播了，但其实一个直播间的状况对于粉丝留存还是非常重要的。直播间的环境，就好像一个人的外貌，是通过整体设计风格、布景、灯光、高清设备等来展示的，“布置得赏心悦目的直播间就已经赢了一大步了，谁会愿意在杂乱无章的直播间里多停留一分钟呢？”可以说，为用户创造有带入感且愉悦的购物场景真的很重要，这就需要直播间呈现符合产品特点的购物场景。主播应时常走出直播间，来到品牌的原产地，并且通过多场景的切换（比如：品牌线下店铺、免税店等），让直播更真实、更场景化。

场是直播带货中的场地、场景的意思，大到平台、小到直播间都包含在这个场中。平台的选择无须多说，如抖音，其作为日活用户最大的平台，绝对是主播的正确选择。而直播间的场景打造也是一门学问。直播间大小应控制在10~15平方米，太大不利于吸音、隔音的处理，而且显得太过空旷；太小又显得拥挤，没办法展示产品。直播间内要保证光线充足，根据不同的货品类型来搭建不同的直播场景。除了在直播间直播以外，有些主播还会到生产厂家的车间、样品间，以及实体店内直播，这样会营造出更加真实的现场效果，可以增强观众对主播的信任。

主播长期待在直播间，对粉丝来讲，也会产生一定的审美疲劳，换下场地或许会给粉丝带来惊喜。直播电商的“场”越来越丰富，实地场景直播早就开始了，如基于产业带的直播，尤其以翡翠、宝石、珍珠等的直播最为常见。镜头前的主播直接穿梭在批发市场，现场砍价，手机前的粉丝要是认可，可以直接下单购买。农产品的直播，场景的选择也丰富多样，有田间地头、家庭厨房，还有农产品批发市场。时至今日，直播早已不是电商的点缀，而注定会变成未来主流的商业模式。伴随着直播价值的不断放大，直播电商将大有可为。对于电商来说，直播应该是标配。任何时间进场都不晚，但一定要记得把人、货、场这三方面建好、搭配好。

但是人、货、场在不同的场景下也是有差异的。

在传统的人、货、场逻辑中，人、货、场呈顺向逻辑关系。以淘宝、抖音、快手为例，其中，人是指KOL或者红人，他们担负的是社交流量的收集；货是指供应链提供的各种各样的SKU（SKU是对每一个产品和服务的唯一标示符，比如一件衣服有S、M、L三个尺码，每个尺码有黑白两种颜色，那这件衣服的SKU就是6个）；场是指店铺原有的场景，原有场景在线上店铺就是所谓的DSR（DSR即店铺的动态评分），包括店铺运行情况、卖家服务态度、用户评论管理，以及买家秀等。

总之，在传统阶段，人、货、场的排列方式就是：人负责收集人的社交流量；货是供应链提供的各种各样的SKU；内容电商最终呈现购买环境。当信任被建立起来时，就会达成购买，这就是传统的人、货、场。

到了直播电商，排列发生了一些变化，应该反过来叫货、场、人。因为在直播电商中，用户点击进入直播场景中，核心需求就是购物，这时如果设计过多的内容，会使整体变现的链路过长，用户的体验反倒不好。在用户有强烈购物意愿的前提下，只有选品的多样化及较大幅度的优惠福利才能真正高效引导和影响用户，因此，货排在第一位。而这时的场也不再是传统店铺那个场了，而是在用户对货有认识的前提下给他建立的一个能媲美线下并能唤起其线下记忆的消费场景。这时，场是排在第二位的。而人是排在最后的。这里的人指的是谁呢？指的是直播间里的主播，或者也可以把他看作是一个KOL。但这里不再涉及上面所说的社交流量，因为这时主播不是主要带量的人。例如，在淘宝直播中，头部主播薇娅和李佳琦已经具备了话语权，有了一定的流量积累，这个积累的过程也是一个打造消费场景、唤醒记忆的过程。李佳琦还原的是线下售货员的角色，有对产品的专业理解。在货、场、人的逻辑里，人不再是社交流量的引导者，而是一定社交属性的塑造者，你的社交属性和你所推荐的产品的行业属性、品类属性应保持一致，这是很重要的。

直播电商时代，人、货、场从电脑端转到移动端，从图文搜索时代进入视频内容时代，这样的“变迁”给了直播与电商一个新的磨合空间。在这整个生态空间里，除了淘宝系，还涌现出很多其他直播平台，各大直播平台的竞争也一触即发。这场竞争中的最大看点就在于主播与消费者之间悄然建立起了强链接和信任关系，所以与此相关的经济也可以归类于“粉丝经济”。仔细分析，主播借助其塑造起来的个人IP和网络影响力，将其在社交平台积累的普通粉丝转化为有购买力的消费者，将粉丝与自身长期建立起来的信任转化为对产品和品牌的认同，从而实现变现。尽管如此，人、货、场依然是商业的核心要素，只不过“人”从主播升级到了人格化的主播，“货”从标准工业品升级到个性化产品，“场”从卖场升级到多样化场景。

我们把直播电商人、货、场称作人、货、场论。人、货、场是消费者、商品和连接商品与消费者的渠道，现在在朝着精细化、个性化、多样化的方向进化。但是人、货、场在不同的场景下是有差异的，在传统的人、货、场逻辑中，人、货、场具有顺向逻辑关系，到了直播电商阶段，人、货、场应该反过来，叫货、场、人。直播电商时代，对人、货、场的详解为：人，需要主播建立相应的人设，了解直播生态的用户画像并与他们形成共鸣；货，即高品质的优惠好货，而且货也呈现多样化趋势，堪称“万物皆可直播”；场，不再仅指商场、原产地、直播间，而是指线上线下两块场，而且两块场都要再进行升级迭代。

1.3　回归电商本质：解决流量获取和变现难题

在直播电商时代，卖家需要建立自己的流量池，直播电商本质其实就是流量变现的过程，这个过程中包含流量获取与流量变现。下面我们就来分析下流量获取和流量变现的难题。首先来了解下四大主流平台直播间的流量获取方式。这里的四大主流平台分别是淘宝、抖音、快手以及微信，之所以把这四大平台称为四大主流平台，是因为它们的生态都很稳定。用户通常先经过平台，再进入直播间，其实就是公域流量导入私域流量的过程。以淘宝直播为例，进入任何一个直播间都须先进入淘宝直播平台这个公域，然后再进入主播的私域，可以说这个从公域转化为私域的路径是最短的，因而直播电商带货和变现的效率也是最高的。

我们再来看一个关键词——消费场景。什么是消费场景呢？消费场景是指适应特定时刻用户，在特定消费目的下，所需的行为场合和形态。其中，特定时刻的用户可以用“角色”来表示，特定消费目的可以用“情节”来表示，而所需的行为场合和形态可以用“某些地点”来表示，如电影院可以作为约会场所。因此，消费场景是有时空性、指向性和目的性的。从运用情况来看，消费场景可以分为线上（虚拟）场景、线下（实体）场景；根据顺序（用户使用手机应用的顺序）场景，可以分为入口场景、内容场景和支付场景；根据覆盖面场景，可以分为大场景、小场景或主场景、分场景；根据时间性场景，可以分为正常场景、季节场景、节庆场景、特殊场景等。

现在不管做线上还是线下，商家都会去挖掘用户的消费场景，而消费场景思维是一种以用户需求为中心的思维，它透过产品的形式去深度剖析顾客购买或消费的真正目的以及顾客所追求的核心价值或利益。例如，去茶馆喝茶，主要目的可能不是喝茶，而是社交休闲；买化妆品，目的不是获得化妆品，而是实现变美的梦想；买油画也不是为了得到油画本身，而是为了美化房间，体现了对美好生活的向往；等等。消费场景思维可以说是针对顾客需求或痛点提出的解决方案，是一种对新生活的态度或方式的诠释。消费场景的出现，意味着对用户时间的占有，拥有场景就等于拥有了用户的时间。我在开篇也跟大家讲，做直播电商做的就是流量。

电商直播的本质就是流量变现的过程，而流量的本质就是用户对时间的分配。例如，2018年因抖音短视频的崛起，微信公众号和朋友圈、QQ空间、微博的打开率开始大幅度下降。中国网民数量2019年是8.29亿人，但短视频用户高达6.48亿人，且用户使用率为78.2%，在2018年下半年高幅增长。用户时间的重新分配也意味着电商的流量进行了一次再分配。为什么这么说呢？

因为电商发展史实际上也是流量获取的变迁史，用户时间的分散造成传统电商平台的日活跃用户数量和用户黏性下降，因此整体的网购市场规模增速相比以前出现了很大幅度的下降，流量红利消失。现在消费者大部分的时间都用在了移动互联网上，其中移动社交占据32%，短视频占据12%。由此可以发现，用户的时间越来越多地停留在社交媒体上。这说明什么？说明电商卖家必须要关注社交平台的增长、社交流量的变迁。

这里跟大家讲用户的消费场景，也是为了让大家更好地了解流量的本质，从而更深刻地理解电商的本质。毕竟直播电商也是电商，而且也要对用户时间进行占有和再分配。不同平台的直播间，在流量获取上会因平台特性而有差异。在四大主流平台——淘宝、抖音、快手以及微信的直播间中，最值得关注的是淘宝直播间的流量获取。因为相比其他三个平台的直播间，淘宝直播间的购物属性是最强的，用户进入淘宝就是来“买买买”的，他们进入直播间就是想看到更详细的产品展示和介绍，然后再决定购买与否。相比而言，淘宝直播的转化效果还是不错的，这主要与优惠力度、直播间氛围、更真实的产品展示效果和主播、粉丝双方的及时互动等因素有关。

淘宝直播间的流量获取可以分为三个方面：公域引流、私域维护、跨平台引入。公域引流就是将平台公域流量引流到直播间。对于新入驻直播间的主播，平台通常会有一定的直播流量扶持。因此，新主播一定要按照平台要求每天直播4小时以上，在前期快速提高自己的粉丝量；之后的流量则主要是付费流量、免费流量以及活动流量。付费流量就是指通过钻石展位、超级推荐的付费方式将直播间挂到首页或者推荐位去展示以获得流量。不过在2020年淘宝直播还处于一个红利期，淘宝对主播的流量扶持还是很到位的，所以可根据具体情况来决定是否使用付费流量，尤其是对一些直播间没有规划好就盲目推广的商家来讲，花钱也很难达到预期效果。免费流量要么是直播间系统推荐产生的，要么是店铺或者主播本身自带的粉丝。

直播间总体的流量也跟平台对直播间的扶持有关，在淘宝平台上，直播间推荐位的不同会导致流量的变化，淘宝平台也会根据平台策略而调整淘宝首页的展示。有些店铺或主播粉丝数量庞大，做起直播来就会容易很多，比如一些网红店，几乎都是依靠庞大的粉丝人群起步的。当然，最主要的还是直播间的内容要好，只有持续推送好的内容和产品，流量才会稳步增长。活动流量其实也属于免费流量，不过这一类流量并不少。针对直播，淘宝经常会开设一些活动，给商家们以额外的流量扶持，如设每月26号为固定打榜日，每月11号开展真惠选活动等。

如果我们多加注意就会发现，其实淘宝直播的大多数商家和主播，都是在依靠公域引流。单靠公域引流也能够提高不少销量。除了公域引流之外，私域维护也是必不可少的。例如，很多店铺都会精心经营自己的微淘，通过内容增加对粉丝的吸引力并引流到直播间。另外，很多商家在给顾客邮寄产品时，会加小卡片，通过直播间优惠政策吸引已经产生购物关系的粉丝，以增加粉丝黏性。直播结束后的粉丝运营，也属于私域维护。

接下来讲跨平台引入。其实大家对它并不陌生，因为在淘宝红人兴起之时，在微博平台上坐拥大批量粉丝的大V就从微博上将众多粉丝引到了淘宝店铺，实现了店铺粉丝的累加及产品销量飞涨，如被称为淘宝第一网红的张大奕。到2020年众多的大V仍然会将自己多年辛苦经营的粉丝引到直播间，像坐拥千万粉丝的博主@张沫凡MOMO就通过微博私信将淘宝直播间的二维码发送给粉丝，成功把微博粉丝吸引到淘宝直播间。淘宝直播是很支持主播跨平台引流的。

在2018年的机构大会上，淘宝直播团队就提出了四个学习，即“向抖音学习做内容，向微博学习做网红，向市场学习做促销，在线上学习做电商”，同时也力推“直播间看点”功能。连起来看什么意思呢？就是把“单个宝贝的讲解视频”向外分发，发到抖音、小红书、微博微信，即发到有流量的地方。在淘宝直播团队的间接指导下，有一位主播用心经营直播间，在2019年火出了圈，这个主播就是李佳琦。李佳琦的团队在抖音、快手、小红书都做了分发，后来又入驻闲鱼，于是他的直播间粉丝量激增到了1 400万+。而“淘宝一姐”薇娅也同样做了这样的分发，但是与李佳琦主打抖音不同，薇娅选择了微信公众号做粉丝沉淀并且进行了相应广告投放，投放效果相当不错。投放之后，薇娅的公众号文章几乎篇篇达到10万+阅读量，而且很多粉丝会在文章下面留言。可以说这两位淘宝顶级主播都在用自己的方式去做跨平台的引流，进而将粉丝吸引到购买路径最短的淘宝直播间进行变现。

讲完淘宝直播间，我们再来看下抖音直播间。抖音平台采取的是爆款逻辑、推送网红的方式，用户与网红之间多少有些仰望关系。用户在抖音刷短视频的时候正处于休闲状态，在这样的状态下打动用户是关键。这就关乎内容的质量了，只有好的内容才容易打动用户，也才容易形成爆款视频，而爆款视频会给直播间带来很多流量，同时也会给直播间带来很多新粉丝。还有就是跨平台引入。抖音出现时间比较晚，但是用户使用率高，之前在其他平台积累了大量粉丝的博主入驻抖音后，粉丝会自动迁移过来；另外也可以主动引导，比如公众号“未那大叔”会在文章结尾留抖音号，吸引微信公众号粉丝关注。抖音平台的免费流量主要来源于粉丝关注、视频推荐、同城推荐、直播推荐，以及其他方式（上面讲到的跨平台引入流量）；付费流量主要是Dou+投放（Dou+是一款为抖音创作者提供的视频加热工具，能提升视频播放量与互动量），分为视频和直播间投放，还有就是信息流投放。以上方式均能给直播间带来巨大流量。

接着讲快手直播间。讲到快手，就不得不说快手特有的老铁经济。老铁经济其实是一种圈层经济，这也是为什么快手能卖出挖掘机的原因。快手这个平台对于用户实施普惠原则，也因此造就了快手的人间烟火气。在快手想获取更多的流量，离不开"上热门"，甚至是"大热门"，其中涉及"上热门"的三个关键词：点击率（与封面标题有关）、完播率（作品有内容有价值）、互动率（也就是点赞关注评论、收藏转发等操作）。这就需要有价值的内容和有说服力的引导，当然也可以引导用户进入直播间，从而增加直播间的粉丝量。快手其实更像是在秀场直播中进行电商直播，它没有像淘宝一样从秀场直播转型到电商直播，因此出现了挂榜、甩榜、榜一等在秀场起作用的、可以带动流量的玩法，这也是直播获取流量的方式，可以去同圈层的大主播的直播间刷礼物，引导同类粉丝进入你的直播间。当然在快手平台也少不了跨平台引流，将已有的用户引到重点经营、变现路径最短的平台直播间。如果你重点经营快手，就可以将其他平台的粉丝引到快手直播间。

最后来讲讲微信平台直播间的流量获取。微信直播指的就是腾讯直播。腾讯直播更多利用的是平台内的流量，毕竟微信本身覆盖的群体就很多。

而腾讯直播对于一些本身就有流量的商家肯定是有利的。例如，公众号“小小包麻麻”首次试水腾讯直播，一场1小时40分的直播吸引了13.1万人次观看，销售量超过1.5万件，销售额达216万元，“小小包麻麻”电商小程序页面浏览量超过65.8万。但是腾讯直播对标的并不是微信公众号，而是一片从未开发过的空间。要找到适合这个平台的差异化直播内容，并做好私域流量运营，除了掌握直播间流量获取方式外，还有很重要的一点就是直播前一定要发直播预告，设置诱饵并告知时间，这对当天直播间的流量和精准度有很大的影响。

我们再来看一下直播间的常见变现模式。跟早期的秀场直播相比，现在的直播间变现模式越来越多元化，尤其是随着直播电商的火爆，有很多主播转型直播带货。目前直播间常见变现模式有打赏模式、带货模式、广告植入、内容付费、游戏付费等。下面我们分别来讲解：

打赏模式，即观众付费充值买礼物送给主播，平台将礼物转化成虚拟币，主播对虚拟币提现，由平台分成。如果主播隶属于某个“工会”，则由“工会”和直播平台统一结算，主播则获取的是工资和部分抽成，这是最常见的直播类产品盈利模式。当然伴随着直播平台的升级和优化，礼物系统也更加多元化，从普通礼物到豪华礼物，再到能够影响主播排名的热门礼物、VIP用户专属的守护礼物，以及当下流行的幸运礼物，无一不是为了进一步刺激用户充值，提升平台收益。

接着来讲下带货模式，即直播电商直接带货、卖货模式。这个模式主要分为两种：一种是主播自己经营店铺，卖自己店铺内的商品，类似淘宝商家直播间、快手上主播自己接入的店铺。另一种模式又分两种：导购模式和广告植入模式。在导购模式下主播主要起导购作用，在直播中推广店铺商品，以此来吸引用户，用户看直播时可直接挑选购买商品，主播从中抽取相应的佣金。

接下来看一下广告植入模式。一些主播有了一定名气之后，不少商家就会看中直播间的流量，委托主播对其产品进行宣传，主播收取一定的推广费用。当然平台也可在App、直播间、直播礼物中植入广告。

再有就是内容付费。目前市场上的直播模式多种多样，一对一直播、私密直播、在线教育等付费模式的直播逐渐流行起来。付费模式对直播的私密性要求更高，粉丝通过购买名额、计时付费等方式进入直播间观看。付费直播的内容质量相对较高，能够吸引粉丝并有效地留住粉丝，为平台和主播增加新的变现方式。

最后讲一下游戏付费模式。为了增加直播的趣味性和互动性，有的直播间会设置小游戏功能，粉丝想参与其中，就需要在平台买游戏币。直播间的小游戏功能不仅带动了氛围，也为主播和平台带来了收益。

在淘宝直播间中，下单转化率会更高一些，用户出于对平台的信任和受购物习惯影响，决策成本比较低。而在抖音直播间则不同，用户来抖音更多是出于娱乐消遣的目的，他们通过短视频关注一些博主，进入他们的直播间多是出于对网红的仰望和好奇。所以在抖音直播间中，如果对应粉丝精准且产品是一些非标品，转化率则相对较高。快手直播间则是另外一番景象，快手直播间销售商品大都是薄利多销，而粉丝对主播的信任大于对商品的信任，如果主播人设建立得好，商品的性价比高，带货相对还是很容易的。微信直播更多的是利用熟人社交，在微信直播间中要持续给用户提供有价值的信息，并以分享方式来带动商品销售。

最后我们总结一下。四大主流平台直播间流量获取方式，是从消费场景入手的。做电商要关注流量的变化，以及四大主流平台——淘宝、抖音、快手、微信直播间的流量获取方式。目前直播间的变现模式越来越多样化，主要有打赏模式、带货模式、广告植入模式、内容付费模式以及游戏付费模式，我们要根据自身的直播优劣势，提前规划好变现模式。

第二章

【人】如何成为一个高转化的主播

在时代洪流之下，短视频构成了每个人的自由王国。

——杜子建

2.1 主播心理建设和心态培养

2.1.1 主播的职业认知

认知一：苦和累。

第一，做主播是一件特别苦和累的职业，体面轻松远不是主播职业的真相，其中的苦和累会超出一般人的认知。我们都知道“口红一哥”李佳琦，直播一场的收入就能让普通人在一线城市买套房，但他一年要直播389场，平均下来每天需要直播1.1场。这也就是说，他全年无休，几乎天天都要直播，这其中的辛劳可想而知。

我们旗下某服装分公司的主播采用轮播制，共有4个主播，每个主播每天直播6小时。为了让时间更具象化，我将主播A一天的生活与工作时间进行拆解：主播A是每天早上6点开始轮班直播。那么她就得每天5：00起床梳妆打扮和吃早饭（早饭必须吃），5：50到场（提前10分钟），6：00开始直播，到中午12：00左右下播。换班之后草草地吃个午饭，开总结复盘会半个小时到1个小时，差不多14：00结束。14：00—17：00进行第二天直播的选品搭配和脚本设计。17：00后下班休息。这就是一个主播全天的日程安排。第二天早上依旧5：00起床，每日循环。作为一个服装主播，直播6小时还得全程站着，因为要换服装、介绍服装以及当模特展示服装。所以，这是一个很累的活儿。

第二，作为主播，必须得说话，直播6小时要不间断地说话并且保持声音洪亮，这对于主播的嗓音是一个巨大的挑战。直播基地全部都是卖服装的，每个直播间都采用轮播制，在这样一个大环境中，纵使房间隔音效果再好，直播间也难免会有噪声。做服装直播的主播离镜头比较远，声音小了用户听不见，再加上还有其他声音干扰，这时主播就要用更大的嗓门去说话。超负荷地使用嗓子，导致很多刚入职的主播几场直播下来嗓子就出状况了，有的甚至嗓子里面长了息肉，需要做手术。所以，主播的工作是特别累的，时刻要承受着精神上的崩溃、肉体的折磨以及心理上的自我怀疑等方面的压力。

认知二：美好的梦想终败于残酷的现实。

一夜暴富这种极小概率事件想都不要想。有梦想是好的，但不要有任何幻想，不要把个例当作通例。就拿薇娅来说吧，她直播一月收入3 000万~4 000万，加上坑位费，月入5 000万。收入高，代表着她背后有一个强大的团队。古往今来，单枪匹马做不成大事，一个三五百人的团队仅服务于薇娅一人，而这三五百人每天还得加班加点，才能撑起每场直播的大盘。

我们服装分公司的主播只有每天高强度直播才能实现月收入成倍地增长。直播带货是场马拉松，发令枪一响就到终点，你认为有可能吗？成功的主播没有哪一个没有经过千百次的演练，没有哪一个没有经过无数的复盘总结，没有哪一个没有经过长达数月的粉丝积累与沉淀。平常心，一步一步，就会有一个好的回报。

认知三：主播是导购，不是网红。

很多人觉得主播是一个光鲜亮丽的职业，比如说衣哥时不时就与明星同台直播，薇娅每天跟各类明星上综艺，抖音大V朱容君（兔子牙）经常参加各类综艺……但究其本质，主播不是网红，只是一个导购员。在直播尚未兴起时，导购都在线下销售产品；直播刚兴起时，有眼光的线下销售员就把线下销售模式搬到线上，华丽转身，让销售员变成主播。所以从本质来说，主播不是网红而是导购。

何为网红？就是网络达人，只要有超高颜值就能广受关注，就会有粉丝追捧。在微博时代，颜值代表一切。而在5G时代，主播的职业定位就是把好的产品通过线上销售渠道卖给线下用户。所以说主播就相当于过去的电视导购，而不是网红。

认知四：主播是一个职业，不丢人。

5G时代，直播是一个新起的行业，主播是一个新兴的职业。2018年，我们在大量招主播。当年大家对于直播这个行业都比较陌生，应聘者都觉得这个职业不太好。因为那个时候大家都在做游戏主播和秀场主播，就是在直播间里面唱歌跳舞，求打赏的那种主播。这种带货主播他们觉得上不了台面，嫌丢人。我们就要去给他们做心理建设，让他们觉得电商主播是一个很有发展前途的职业。

很多平台方为了改变大众的职业认知也做了很多努力。例如，淘宝直播在2018年的时候就推动了“启明星计划”，邀请很多明星去做主播。当时知名主持人李湘率先把自己的身份定义为电商主播、带货主播。因为这些明星的加入，直播行业在大众的认知中慢慢出现了改观。

我，杜子建，一个从微博时代就开始在互联网崭露头角的人，成名至今已有20年。在公司，我是领导者。但作为一个领导者，我依然坚持每天直播。做主播，开直播，不丢人，直播已经成为我每天必须要做的一件事，它已经融入了我们每一个人的生活。开直播，做主播，是大势所趋，不丢人。

认知五：生命不息，学无止境。

大家千万不要觉得直播是一个很简单的事，主播在直播间里，每天面对不同的人群，面对各异的话题、问题，要考虑如何与粉丝沟通，以保证他们在直播间长时间停留。主播每天要去播6小时的稳定时长，要在直播间里面讲什么？

一个产品放到主播手里的时候，他以什么样的方式去介绍这款产品。是像主持人朱广权一样，在直播间里面滔滔不绝，金句频出，让大家感觉很享受，还是只会在直播里面不停地说“老铁666”“大家刷一波赞”“点点小爱心”，希望粉丝赶紧下单买东西？这两种直播方式的生命力是完全不一样的。只有主播保持连续的学习状态，能在直播间里持续输出有价值的信息，才能够长久地吸引粉丝。主播应每天积累新的粉丝，并把这件事坚持做下去。如果主播不坚持学习，只会消耗自己的才学和沉淀，他的直播间是不能长远的。所以说保持学习能力和持续地提供价值是主播这个行业非常重要的一个底层逻辑。

2.1.2 主播的职业规划

主播其实也是吃的青春饭，主播能做几年，主播的生命周期是几年，现在大家都还不知道，因为这个行业也仅出现4年而已，目前资格最老的大主播也就是薇娅这一批人。2016年3月直播刚兴起的时候，作为内测组成员，薇娅已经开始做直播了。她是行业里面第一批成长起来的主播。

做主播一定要注意以下几点：

第一，给自己明确的定位。如果我们想在直播领域有一定的竞争优势，一定要在某一个领域有专业知识积累，这一点特别重要。因为主播只有在某一个领域里面比别人知道得更多，比别人更专业，才能够给别人提供价值。如果主播讲的都是大家知道的东西，比如说只是说一些常识，那么这样的直播间是很难维持的。

第二，要守住做主播的初期。做主播的初期就是刚刚进入直播这个行业的空窗期，或者叫过渡期。这个过渡期是什么状态？你开直播，每天对着镜头说话，说了半天，但是直播间里可能一个人都没有。“口红一哥”李佳琦在接受采访的时候说过，他第一场直播一共只有17个人观看，里面只有两台手机，一个是自己的，一个是小助理的。所以说在刚做直播的时候，一定会经历这么一个阶段。

直播间内没人跟主播对话，主播每天对着空气、镜头讲话，他也不知道什么时候流量会来，什么时候会有人进来，这个时候主播的状态是很难绷得住的。所以说在初期，作为主播一要耐得住寂寞。要用心把直播间的每一分钟讲好。很多主播会走入一个误区，就是等我直播间有人进来之后我再好好讲解。这是极其错误的，因为如果主播不先在直播间认真介绍，粉丝进来之后觉得主播不专业，第一时间就走掉了，结果是一个粉丝也留不住。主播必须先把自己的功课做好，才能够让每一个新进来的粉丝有机会被留住。这是每一个新主播必须懂得的道理，就是要先表现好自己，再考虑怎么把流量引进来。二要给自己定一个小目标。新主播给自己定一个小目标，比如每天积累3个精准粉丝，那么一个月的时间就能积累90多个精准粉丝，只要保证其中的50个粉丝每天都来直播间，直播间的基础活跃度就有了。这个时候主播再通过各种渠道去引流，让自己的直播间流量大一点。当引流的粉丝进来后，你会发现直播间里面有三五十个熟悉的面孔，那么他们成为忠粉的可能性就很大。第二个月给自己定一个更进一步的目标：每天多积累5~10个粉丝。那么主播第二个月可能就能积累300个粉丝。假设通过两三个月积累了500个精准粉丝，当你直播带货时，每个粉丝每天在你直播间消费一样东西，给你带来1块钱的收益，500个粉丝一天就能给你带来500元的收入，一个月就能给你带来1.5万元的收入。

所以说做直播一定要通过积累，慢慢去增加粉丝，慢慢成长起来，千万不要想着一夜暴富的事。

第三，主播做到中期，要培养团队，提高团队能力。中期的主播最需要的是一支高效运营的团队。团队的工作内容包括什么？一是招商。主播做到中期的时候，粉丝已经积累很多了，直播间可能每天会有两三百个人在线，每个月的销售额也很稳定。这个时候主播需要有团队去招商，为直播间填充更多好的产品，来满足粉丝的需求。二是维护粉丝。三是售后服务以及发货。一个主播是做不了所有事情的。试想一个人既要当主播，又要熟悉产品，还要去找产品；既要做直播，又要维护粉丝，还要做客服及发货。一个人能做得了这么多事吗？一个人肯定无法完成。

前期可能只有十几个粉丝，一天只卖几单货，主播每天只要用半个小时的时间发货就可以了。但主播到了中期每天要卖100单、200单，这时就得有一个团队做支撑，才能把这个直播做起来。所以说中期团队的培养非常重要，如果团队培养不起来，主播的直播也做不大。

第四，做主播到后期，要注重私域运营和供应链管理。主播做到后期，粉丝可能有几十万乃至上百万，每月收入有几十万甚至更多，每天都有粉丝增长。在这个阶段，粉丝已达到一定的基数，主播所要达成的目标不再是每天疯狂涨粉，而是要将粉丝进行私域引流，把公域流量沉淀到私域社群。为什么要进行私域沉淀？首先，主播不知道所在的平台会不会突然破产倒闭，也不知道什么时候账号会因违规遭封禁，而把粉丝进行私域引流，既可增加粉丝黏性，又在一定程度上保护了好不容易打造起来的流量池。所以，主播在做大的过程中，一定要有这样一个思维，就是把平台的公域流量转化为自己的私域流量。但是，在前期粉丝基数特别小的时候，一定不要这样做，因为平台一旦发现主播有导流的行为，账号就会受到打压，就算是在中期做也不行。因此，建议主播后期进行私域转化，把积累的粉丝导流到私域。

后期还有一个重点，便是供应链管理。在后期，粉丝对产品的要求肯定会越来越高，因为前期和中期吸引过来的都是小众人群，消费能力不强，到后期主播肯定会吸引高消费人群，所以服务的标准和质量也必须相应地提高。这个时候直播间每天是否有足够丰富的款式和拿到的货是否足够好，就变得无比重要，主播的供应链管理能力也必须加强。所以主播后期受到的限制主要来自私域流量的运营和供应链管理能力的提升。

第五，做好职业规划。说到职业规划，其实就是指做主播想一时红还是一直红？回答这个问题的关键就是心态，这个心态特别重要。

从微博时代一直到2020年的5G时代，我在互联网持续经营了18年，在无数平台见过各类主播，他们筑高楼、宴宾客，红极一时，但瞬间楼塌人散的场景数不胜数。不过也有许多主播前期默默无闻，到了后面却越做越好。

“一姐”薇娅和“一哥”李佳琦，他们做的就是一直红。他们认真对待每一个粉丝，真挚对待每一个用户，用大量时间去挑好的产品，介绍好的产品，他们是抱着一个分享和服务的心态去做这个事的。

有些人却只想做一时红的主播。例如，在抖音平台刚兴起时，有些人就用一些低俗的话语、低俗的着装以及低俗的表演去吸引粉丝关注。这类账号在前几年是很常见的，但是现在，这些账号已经被抖音全面封杀。不少平台在前期运营时对内容质量“睁一只眼闭一只眼”，因为前期平台需要流量，需要用户，需要将平台支撑起来。当平台家喻户晓时，运营方就会开始进行一系列内容整顿。到了平台用户基数非常大之后，那些不符合主流价值观和主流社会意识的视频以及直播形态一定会被封杀。所以说低俗另类的视频可能会让主播一时红，但不能让主播一直红。

还有一些刚入行的主播，在直播间卖低价、卖假货、卖假名牌、卖高仿产品。他们想用这些低价高仿的东西去吸引那些想用很少的钱就能买到名牌的无知消费者群体。但是当用户收到商品后，发现商品有质量问题，他们就会毫不犹豫地取消关注。慢慢地，主播粉丝就会越做越少，抖音平台推的流量也会因粉丝的减少而越来越少。

所以，想要一直红一定要注重粉丝的反馈。如果主播卖的产品质量非常好，用户觉得物有所值，甚至性价比超高，他们很有可能在直播间进行二次消费、三次消费等；或者主播卖的某些产品有质量问题，但主播的售后服务做得非常好，他们也会再次光顾直播间。这些多次消费的用户，慢慢就成了主播的铁粉，他们会把直播链接散发给周围的人。这样一来，粉丝就会越来越多，生意就会越做越大，主播也会越来越红，从而一直红下去。因此，想要一直红，就要做好直播心态建设。

2.1.3 主播的职业生涯

谈及主播职业生涯，我以大主播薇娅为例给大家详细讲解。薇娅是如何做大的？我们采用倒推的方式分析。现在的薇娅，定位应该算是主播明星。我们会看到她参加各种各样的活动，与很多明星同框出镜，跟马云出席云火锅宴席。这些活动经历，已经让薇娅成为一个主播明星。她是这个行业的一个标杆，是一个“吉祥物”。

那么薇娅在2020年成为流量明星之前，她做了什么事？2018—2019年，薇娅背后的谦寻机构一直在做一件事——超级供应链。超级供应链就是头部主播打造超强供货团队并以此赋能别的主播。因为直播行业里面供应链是天花板，很多主播有吸引流量的能力，但是没有选货选品的能力，没有组织货品的能力，谦寻机构就是凭借打造超级供应链的优势给主播提供服务的。

前面讲到的主播后期要注重私域流量的运营和提高供应链的能力。2018—2019年，薇娅就已经到了主播的后期阶段，已经在打造超级供应链了，她在为别的主播服务。这是薇娅2018—2019年做的事，那她2016—2018年在做什么事呢？2016—2018年，薇娅做的是超级主播。薇娅从淘宝直播诞生之日起就一直是行业的标杆，从2016年火到了2020年，她一直都是行业第一名，没有人超越她。到了2019年，出现了一个李佳琦，他采用一套组合拳的打法，通过站外引流的方式，在抖音和其他平台去树立自己“口红一哥”的名声，然后通过出圈以及和明星同框的方式，慢慢地扩大影响力。李佳琦后期的影响力在一定程度上超过了薇娅，但是他的综合实力目前还是跟薇娅有一些区别的，薇娅是往商业的方向走，李佳琦是往明星的方向走。所以说2016—2018年，薇娅都是直播行业的一个标杆，她作为行业明星走在前面制定行业规则，树立行业标准，所以说她是一个超级主播。

我们再看薇娅在成为主播之前，她是做什么的？2011—2016年，薇娅在广州开了5年的淘宝店，她是一家淘宝店的老板娘，而且卖的是女装。5年的开淘宝店经验，让她积累了丰富的电商知识，同时让她在处理粉丝售后、客服、发货等问题时得心应手，让她通晓整个电商行业的玩法，熟悉直通车付费推广等。2011—2016年，薇娅完成了电商思维以及专业知识的系统沉淀。这是她的一个优势。那么，她在做淘宝店之前是做什么的？

2008—2011年，薇娅在西安开女装店。薇娅曾在一个访谈里面介绍过自己的这段经历，说她开女装店第一天就挣钱了。因为生意火爆，在西安的这三年里，她开了七家店，并在西安买了房，扎根于此。这三年女装店经历，让她懂得线下顾客买衣服的感受，懂得服装批发行业的运作规则，懂得基础的面料知识，以及服装从面料到工厂，从工厂到市场，从一级批发市场到二级批发市场，再到消费者手中的整个链路。这三年她积累了丰富的服装领域专业知识。

我们再看薇娅做服装店老板之前又做过什么。她在2008年之前参加过安徽卫视《超级偶像》的选秀，并且轻松夺冠。而后她签约环球唱片，成为陈奕迅、潘玮柏的师妹。她还当过主持人，这段经历，让她十分注重仪容、仪表、体态。我们可以看到薇娅的综艺能力，她演唱歌曲时表现出来的专业素质，她的形象气质以及直播间整个人的精神状态都是一等一的。她在参加很多大型活动那种hold住台面的魅力气场，跟她做艺人的这段经历是不分开的。

现在我们看薇娅的整个职业生涯。2008年之前她获得选秀冠军，签约环球唱片公司，既当艺人又当主持人，积累了丰厚的综艺经验。2008—2011年，这3年开女装店，积累了开服装店的商业知识。2011—2016年，这5年开淘宝店，积累了丰富的电商经验。2016—2018年，她凭借之前8年服装、电商的知识做淘宝主播，很快就在整个主播行业里面崭露头角，之后便一直遥遥领先。在这之后，她率先做了行业超级供应链，2020年又成了主播明星。

回顾薇娅的整个成长历程我们可以看出，人要一直红，不是那么容易的一件事。首先要有大量的专业知识作为积淀，然后要有为用户服务的意识，还要持续地学习输出。现在，你们知道为何大多数人无法成为大主播了吧?

2.2 直播间的定位和人设怎么做

2.2.1 直播间的定位

简单地说，直播间的定位就是主播自身的形象以及直播内容和风格的定位。主播想给粉丝展示一个什么样的形象，直播内容想要吸引什么样的人来观看？根据主播在平台上所展现的内容，平台就会给直播间贴上相应的标签，每次开播时，平台会随机给主播推送与标签相关联的用户群体进直播间。

前两年一直在说短视频定位，2020直播火爆起来，又在说直播间定位。那么，我们一直谈论的直播间定位，到底是在谈论什么？

第一，直播间方向。何解？就是直播间主要做什么。作为一个主播，要给粉丝传达什么样的观点和价值。这是第一个定位——方向性定位。建议所有的主播在做方向性定位的时候，要着重思考一件事，就是你热不热爱这个方向，或者是你对这个方向有没有兴趣。都说兴趣是最好的老师，所以热爱和兴趣，是你选择这个方向的基础。为什么？因为做直播真的是一件很苦、很累的事，甚至前期可能会经历很长时间。这段时间没有流量，你直播技术也不好，内容也不好，也没什么转化，也挣不到钱，直播间没人跟你互动，每天感觉自己在对着空气说话。在这个时候，如果直播方向不是你感兴趣的，不是你热爱的，那么你是很难坚持下去的，但是做直播又是需要长时间付出和坚持的。所以说，直播的方向一定是主播热爱和感兴趣的，这样才能在付出与回报不成正比的情况下，坚持直播，坚持输出。

第二，直播间内持续输出对粉丝有用的价值。主播的直播间若是没有价值输出，粉丝为何留在直播间？主播一直在直播间说“老铁666”“双击666”“粉丝点赞关注刷起来”，这样的直播间你会选择停留吗？要想每次开播吸引更多粉丝关注，主播就要有持续不断地价值输出，想要不断地输出，就要一如既往地学习。直播能够持续性学习，坚持每次开播给粉丝输出实用的价值，这是决定一个主播是一时红还是一直红的关键因素。这些知识不仅包含专业层次的知识，还包含各行各业用户感兴趣的内容。为何这样说？因为直播是一份很高频次的工作，在我们服装公司，每个主播每天直播6个小时，6个小时内主播要不停换装，不停讲话。每天6个小时高密度的直播输出，很快就会把主播过去几年积累的专业经验全部分享完，后续直播拿什么内容分享来保证直播间的流量？如果主播没有持续的学习能力，就没有办法在直播间内源源不断地向粉丝提供价值。所以说持续地输出价值是基于主播在原先行业的知识及经验沉淀以及综合的学习能力，这样的主播才能让他的直播间成为一个有竞争力的直播间。

第三，解决什么问题。在我们做直播定位的时候，一定要考虑好我们是在为哪一类消费者解决什么问题。比如“老爸评测”这个账号，与人们衣食住行相关的产品，以及各大品牌的网红产品都是它的测评对象，它用专业的数据让粉丝安心，替他们找到最适合自己的产品。

定位时，我们需要考虑一个重要因素——目标粉丝群体。对于目标粉丝群体，有三点需要主播谨记：一是我们不能保证我们被所有人都喜欢；二是男女老少通吃是不可能的；三是一种产品只适合推荐给某一类群体，不要给所有的粉丝都推荐。因此，我们的直播间只能精准满足一小部分人的需求。也只有这样定位，才能够形成独特的竞争力。

如何分析我们的用户画像、粉丝群体？

（1）性别。直播应统计粉丝群体中男女性别占比。

（2）年龄圈层。直播产品针对的人群是18—24岁的人，还是24—30岁有一定购买力的人，抑或是30—40岁有超强购买力的人，还是40岁以上的人？

（3）收入结构。了解各粉丝群体的收入结构，是决定直播成败的关键，因为这是购买力价值的体现。比如说你要了解你的粉丝是在月入3 000元的四五线城市，还是月入5 000元的二三线城市，抑或是在月入8 000元的一线城市。在哪个城市，收入结构怎样，这些决定着该粉丝群体的消费理念。一线城市人群收入高，当然消费的都是名贵产品，钟爱各种大品牌产品，如爱马仕包包、LV包包、劳力士手表等；在月入5 000元的二三线城市，消费者倾向于购买各大品牌的高仿产品；在月入3 000元的四五线城市，人们的消费能力就较低了。所以说，收入结构不同，代表着该消费群体购买理念不同，也体现了不同的需求价值。

（4）城市群体。说了收入结构，现在说说城市群体。城市群体有什么不同？又有什么用？在不同城市的经济水平下，消费环境是不一样的。比如说在一线城市北上广深，或者在杭州、重庆、成都、青岛这样的新一线城市，消费产品非常丰富，基本上我们在市面上能够看到的各种大牌产品，都能在超市买到。这个时候主播就要找在一线城市不好买的东西，比如说地方特产、原产地的水果。这些产品在大城市是非常难买到的，或者售价极高，如果直播间提供这种产品，从原产地直接发货，销量肯定特别好。

而四五线城市的消费者，想买市面上流行的各种时尚服饰，到线下实体店购买，价格会非常高。一件服装从厂家售卖到消费者手中，要转好几道手。商家肯定要去一二线城市的总店拿货，而一二线城市的总店又会去批发市场拿货，批发市场又要去工厂拿货，一件衣服到消费者手里，至少经过了三道程序，出厂价100元的服装，到消费者手里就变成几百元了。这个时候若是主播在厂家那里直接拿货，以200—300元的价格从直播间卖给消费者，粉丝肯定觉得性价比超高。所以说，对于不同的城市群体，要考虑不同的线下购物环境，要做他们线下购物环境覆盖不到的产品。

确定直播间的粉丝画像之后，主播要进一步考虑粉丝有什么问题，包括衣食住行等方方面面的问题，也可以让粉丝通过直播间或者私信反馈。比如服装主播，想将服装推荐给什么年龄层次的消费群体，建议他们在上班、休闲时分别穿哪种服装更合适。在解决粉丝的问题时，一定是提出具体解决方案，场景越具体，直播间的竞争力越强，越表示我们提供的产品能满足某一类具体需求，这样直播间才有持续发展的潜力。

总之，考虑直播间定位时，最核心的内容，就是用户是谁，他们有什么样的问题，以及用什么产品解决他们的问题。

2.2.2 直播间人设

第一，人播合一。如何理解人播合一？人指的是主播现实生活中的人设，播指的是他在直播间的人设。人播合一，就是主播在直播间的人设要与现实生活中的人设一致。主播在现实生活中如何，在直播间就如何，在现实中与别人如何聊天，用什么语气，在直播间也照旧。千万不要像演员拍戏一样，一部戏饰演一个角色。主播在直播间每天播几个小时，光是直播就会特别累，还要演的话，肯定会崩溃的。况且特别疲乏的状态，也不是直播间该有的。所以，在直播间里，主播要展示一个最真实的自我。这样才能够保证直播间能做得很轻松，而且能坚持下去。

第二，信任问题。粉丝为什么会在直播间买东西，肯定是因为对主播的信任。所以，想要粉丝购买产品，首先要树立粉丝对主播的信任。只有粉丝充分信任主播，才有可能在直播间下单。在直播间做内容也好，创造主播的人设也好，目的都是为了获得粉丝的信任，这个时候应该怎么做才能让粉丝信任呢？我会建议所有的主播，把你的工作态度拿出来。获得信任的基础是有良好的工作态度，让粉丝感觉到你在很认真负责地向他们推荐产品，感觉到你是很认真负责地在做主播。有些主播直播间人非常少，这个时候主播的状态就是坐着不说话，当人进来多了之后，才说两句，人不进来不说，这是一个什么样的直播态度？这是对直播不敬业的工作态度。把直播当作一个职业的主播，应该保证直播间呈现的状态是极佳的，一定是热情饱满的，粉丝进了这样的直播间才有可能留下来。所以说良好的工作态度是建立粉丝信任的基础。同样，有了良好的工作态度之后，主播还要拿出对粉丝负责任的态度，就是选品的时候，自己一定要试用或者试吃，如果主播自己都觉得产品不好，还要向粉丝推荐这个产品吗？如果昧着良心向粉丝推荐这款产品，那么粉丝上当后就不会来你的直播间了。主播丢了粉丝不说，还会导致服务商或者工厂不会来你的直播间打广告了。

所以说，对主播而言，粉丝就是我们跟商家谈判的筹码，而做主播的基础，就是有粉丝的信任。粉丝相信主播推荐的产品好用、好吃，才会不断地购买，这才是主播身价上涨的前提。我们在选品，在给粉丝推荐产品的时候，也要有这样的工作态度：我为你负责，我真的要为你们挑选好的产品。

第三，推荐的产品要有一定等级标准。粉丝进直播间，购买主播推荐的产品，除了出于对主播的信任之外，还有一个因素便是选品的标准。根据账号直播间的粉丝画像，针对每个层级的粉丝，主播都要研究一个东西——选品标准。如果在向高质量的用户卖产品，主播一定要提供高标准的产品和服务。如果是向低收入群体或者标准没那么高的人推荐产品，主播也要提供符合他们标准的产品，而不是超越他们的标准，不要向他们推荐其消费层级没有办法达到的产品。所以说在选产品的时候，主播一定要选择符合用户标准的产品。

在符合用户标准的同时，主播自己也要设立一个选品标准。比如说选吃的，如果试吃之后，主播觉得这款产品不能达到相当满意的标准，就不要给粉丝推荐。这样你的直播间就会产生一个良性循环，就是你推荐好吃的东西，粉丝在直播间购买后也认为很好吃，他才会在你的直播间进行复购。所以说主播的标准决定了粉丝会不会购买，会不会复购。

第四，让粉丝了解你。前面讲的定位和创造人设，有一个共通性，那就是主播与粉丝之间要有信任。

关于信任，可以从大家熟知的事情讲起：小时候交朋友，都是通过分享开始的。你有一个秘密，我有一个秘密，我们互相交换，从此之后，我们就是好朋友。因为你知道我的秘密，我知道你的秘密，我们彼此交换了自己最珍贵的东西。信任关系是如何建立的？其实就是在一步步了解后建立起来的。同理，主播想要和粉丝交朋友，就要每天向粉丝展示自己是什么样的人，在哪个城市、从事什么职业、生活的环境怎样等。当主播把这些都告诉粉丝之后，原本抽象化的主播就会在粉丝心中变得具象化。就像我们上节所讲薇娅的案例一样，她在北京创业，选秀夺冠签约环球唱片，开线下实体店，开淘宝店，最后做直播。种种经历的呈现，使粉丝对薇娅有了一个具体的了解，知道她在哪里工作，从事过什么职业，知道她是一个怎样的人，知道她直播选品的标准是什么，对粉丝怎样。这些关于主播的事情，粉丝知道得越多，对主播就会越信任。

所以说，想获取粉丝信任，最快的方法除了推荐好的产品之外，还要尽可能说出你的“秘密”，让粉丝充分了解你，信任你。这是我认为最有效的一种快速获得粉丝信任的方式。以韩国媳妇大璐璐这个主播来讲，我们可能会问：为什么粉丝会这么信任她？因为她在短视频里呈现的一直是她和她婆婆之间、和她老公之间的一些生活趣事。她把她在韩国生活的所有细节，全部都展示给粉丝。这样一来，粉丝会觉得这个媳妇好好玩，她婆婆好好玩，她老公好好玩，她是一个有血有肉的真实的人，她真的生活在韩国。那么她卖韩国产品的时候，粉丝就会信任她，而且这些产品她自己一直在用，她身边的人一直在用，粉丝就会愿意购买。所以主播在做短视频内容的时候，在直播间里面创造自己人设的时候，一定要考虑把自己生活中的哪部分展示给消费者，才能快速获取他们的信任。

2.3 主播如何自我学习与成长

2.3.1 设立直播目标

如果主播不给自己做目标设计，不管前期准备有多好，脚本设计有多棒，团队配置有多合理，整场直播下来，销售额肯定不高，主播也不会有提升空间。设计一场直播，可以从以下四个维度进行：

第一，单场流量打爆。单场流量打爆意味着能不能做直播以来流量最高的一场直播，进入人数最多的一场直播，或者在线人数最多的一场直播。想做到单场流量打爆，大家从预热阶段就要开始做工作。如果开播前只是简单地在抖音平台内发一两条预热视频，或者在微信朋友圈发两三条消息，这种预热强度肯定是不大的。

如果想实现单场流量打爆，预热的频次和预热的数量以及质量都要有大的提升。例如，过去我在抖音直播，只发一条预热短视频，现在我要发8条、10条；过去在直播的时候，我只发几条花絮，现在我发40—50条花絮，每隔十几分钟就发一次，轰炸一次，把预热的强度和预热的质量都提升上来；过去在微信朋友圈，我只提前一两天做预热，现在我提前四五天进行预热的宣传。此外，主播还要做推广预算。想要单场流量打爆，肯定是要做辅助流量推广的，比如说DOU+、feed流等，这时我们就要去测算获取流量的成本以及流量投入回报。

第二，单场订单量打爆。订单量打爆意味着，这场直播不以销售为目标，而以成单量为目标。目标为成单量有什么好处呢？就是每一笔订单的背后都有一个愿意在直播间下单的粉丝，说明这个粉丝对主播有一定的信任基础。那么我们该如何去提高订单量？如果直播间有100人进入，主播要通过各种方式尽可能提高这100人中的购买者数量。

提升购买者数量，首先要解决选品体系问题。直播间内可以设置引流款、利润款、高消费品套餐组合。如果你的直播间内引流款标价9.9元、19.9元的产品比较多，那么订单量一定会比较高。在某些特殊的日子，如618、双11等，主播想要打爆订单量，有哪些打法？比如说一个主播平常只能销售几千单，这时想要增加3倍销量，就要比平时增加3倍的用户下单量，那主播就要准备一些性价比非常高的引流款商品，去冲高的订单量。以瑜伽产品为例来讲，在2020年“三八”节，我们曾直播卖瑜伽产品，某款瑜伽产品的客单价是两三百，它的客单价在整个瑜伽产品系中是非常高的，当时我们就做了一个选品。最终我们选定的是筋膜球，这款筋膜球在其他App上售价都是29.9元，而当时我们直播间的售价是19.9元，也就是说我们每卖出一个就亏损几块钱。这个产品在我们直播那天是销量特别好的产品。选择这款产品的理由就是它跟我们售卖的瑜伽产品非常搭配，而选品搭配是非常重要的。我们准备了几千个筋膜球，当场就卖完了。所以，想要打爆订单量，选品是非常重要的。

第三，单场销售额打爆。整场直播的综合因素决定这场直播的销售额能不能做到最佳。特别是618或者双11，是单场直播冲销售额的重要节点。销售额打爆，第一个办法就是提高客单价。客单价怎么提高？客单价的提高也要从选品上下功夫。要尽量选择粉丝信任度高，价格又高的产品。如果主播去卖一个大家都不知道的产品，而且价格非常高，肯定不好卖。如果主播去卖一个大家都知道的价格很高的产品，并且都想买，而且直播间又发放很可观的福利，这些产品肯定会一扫而光。

韩国有一种美妆产品叫作天气丹，它的价格很高，日常电商售价大概是1 100元，很多直播间都卖一千零几元或者是九百多元。这个产品在女性的认知中是一款非常好的产品，它在中国已经被炒火了，做了非常多的产品宣传，主播直播间销售这种自带热度的高客单价产品，同时发放福利，销售额非常容易就上去了。如果售价是900元，卖上千多份单品销售额就破百万了。所以说这种粉丝既容易下单又能拉高客单价的产品，就是主播打爆销售额的基础。主播想要打爆销售额，就要从选品开始做起。

第四，单品打爆。单品打爆意味着，把一件单品的销量做到非常高。想要做到单品打爆，就要先明白直播间粉丝的时间逻辑。直播间的粉丝都是在不同时间段进入直播间的，而且每一个粉丝的平均在线停留时长一般都不会超过5分钟。所以，经常直播的主播都知道，平均每半个小时，自己直播间的粉丝基本上要换一遍。这个时候主播就要做一个动作，就是每30分钟到40分钟将想要卖爆的产品，或者刚才被卖爆的产品再次拿出来销售。主播完全不用担心卖不出去，虽说在半个小时前你直播间有800人，现在直播间依旧是800人，但是这800人绝大部分都不是刚才那一批。你想想，用户进直播间下单之后，会一直停留在直播间吗？所以说应该每隔一段时间就把想要卖的爆款或已经卖爆的产品，再次向用户兜售。

如果一场直播进行6小时，那么就有四五次机会实现单品打爆。单品打爆有何意义？实现单品打爆后，品牌方会认为这是一个非常能带货的主播。

有目标就有方法，不同目标对应不同方法。这就是主播一定要给自己设计直播目标的原因。

2.3.2 主播如何保持学习

第一，学会拆解直播间。无论是谁，想做好一件事，永远都是从最基础的复制开始。所以，作为一个有潜力的主播，必须要学会拆解别人的直播间，特别是头部主播的直播间或者是行业领域内优秀主播的直播间。主播其实每天都非常忙，但是我们的主播每天都会拿出半个小时到一个小时的时间去学习，学习平台排名前50主播的经验，方式是随便点进一个主播的直播间，去听大概10~20分钟，看这个主播在介绍一个产品的时候说了什么样的话，用了什么样的情节打动用户去下单。这个时候主播要做的就是把这套话术记录下来，转换成自己的话术，下次用在自己的直播间。记录优质话术，转换成自己的话术，然后应用到自己的直播当中，这是第一种学习方式。

第二，学会看自己的回放。抖音平台不像淘宝平台那样有直播回放功能，所以我建议主播在直播的时候，准备一台手机进行录屏，或者准备摄像机去录制自己的单场直播。直播结束，进行复盘时，再去看下直播回放。主播要反复观看自己在直播间镜头前的可控感，看肢体动作和语言是否得体；同时看下自己在介绍这款产品时，与旁边副播是否有默契的配合，情绪状态是否都挺好。有时候，主播觉得某款产品是能卖爆的，但是没有卖爆；而自己不看好的产品，却卖爆了。这个时候主播就要着重观看回放录像，看当时自己的表现是哪里出了问题，下次直播时该怎么优化，而这次的好的直播方法下次直播中是否能继续使用。这些都是主播在看直播回放中要注意的。所以，录制直播，看自己的回放很重要。

第三，认真筹备每一场直播。对每一场直播，主播都要认真策划和筹备。既然做了主播，就要做到严阵以待，对于直播中的每一个场景、每一个关键情节的设计，都要提前做好演练。每次对直播的筹划，都是一次学习和成长的机会，每天筹划的时间都是主播很重要的学习时刻。主播每天的工作量特别大，要直播好几个小时，下播之后还要进行复盘与下一次直播的选品，为了保证每一场直播获得最佳效果，主播必须要有良好的精神状态。主播需要不定期地去健身，还要掌握科学的休息方法。

建议主播在做第二天选品筹备的时候，把选品筹备的时间当成自己提升综合能力的时间。比如说，明天要卖30万元的产品，那么在做选品以及在给每一个单品和组合套装设计脚本的时候，可以去全网搜集资料。通过脚本资料的搜集，提升自己对各个专业领域、各个知识点的认知，多维度地提升自己。所以说，主播应认真筹备每一场直播，把筹备下场直播的时间当作自己的学习时间。

第四，关注当下的热点和话题。热点和话题，不是我们通常所理解的国内的、国外的新闻事件和明星八卦，而是包含主播所在行业、所在领域产品的热点。比如说，你是美妆主播，最近又上了一款新产品，特别流行，你明天就要挂链接售卖这款产品。这时候你就要在抖音上去搜索了解这款美妆产品的热度，如果在抖音上还没有人推销这款产品，你就可以适当地进行宣传。若这款产品已经有很多明星代言、做广告进行产品宣传，你在直播间就可以跟粉丝讲，这款产品广受好评。总之，主播应热情认真地对待每一个粉丝，这样粉丝也不会辜负你。

主播在直播的时候，如果不知道该用什么样的话题来跟粉丝互动，那么可以查看新浪微博的热搜话题，想一想其中有哪些是可以植入到直播间里的，并且考虑通过怎样的方式把这个话题引导到自己的直播间里，跟粉丝形成话题互动。微博话题都是很有热度的。以前我们教别人拍抖音，告诉他如果实在找不到话题，就把微博热搜的话题在抖音上通过视频的方式拍出来。而且，微博的话题粉丝一般都知道，所以，主播跟他们很快就能聊起来。

2.3.3 粉丝与主播之间的情感连接

主播进行到后期，都会把抖音等公域流量的粉丝转化到私域社群里去。淘宝可以建立自己的微淘群，快手平台可以建立自己的快手粉丝群，当然抖音平台也可以在上面建立抖音的粉丝群，这些群内的所有粉丝，最后都要链接到微信内，在朋友圈和微信群，对粉丝进行维护，加强情感连接。

主播对粉丝要把握尺度，就是边界，既不能远离粉丝，也不能与粉丝走得太近。对此，我提出以下建议：

（1）如果你是新主播，不要在刚去一个平台时，就把你在该平台仅有的那么点粉丝往自己的私域引，因为这种行为是所有平台都限制的，这么做主播很有可能会被封号。所以，主播一定要等到粉丝数量很大的时候再去做引流。

（2）如果主播前期过多地出现在粉丝群里面，你离粉丝的距离就太近了，很多粉丝可能会第一时间抛出很多售后的问题，这个时候如果你的团队运营能力或者说客服团队的售后服务跟不上的话，你就很难处理好所有的问题。这个时候就会有粉丝在群里面埋怨，继而产生连锁反应，这是极不利于粉丝群的稳定的。所以我建议主播在中期等团队足够成熟的时候再去做这样的粉丝维护。

（3）一定要注意跟粉丝互动。比如说主播在下播之后，每周抽出30—60分钟时间，跟曾经在直播间里下过单的用户进行电话沟通或者加微信聊天，这样可以有效提高主播和粉丝之间的黏性。

（4）宠粉。对于粉丝，尤其是宠粉的维护，薇娅做得特别好。她常说，我的粉丝有什么需求，我尽最大力度进行满足，比如说想看某某明星，下次开播就把该明星请到直播间。当然，这都是主播做大后才能做到的事。

（5）直播间抽奖送福利。这是很多主播在直播间经常用却又很不注意的一个环节。当然，像薇娅就不需要有这样的环节，因为粉丝信任她，她说过的话就会实现，她有自己的信任背书。有的主播在直播间组织抽奖活动，粉丝中奖却收不到奖品，有的奖品在直播间摆了一个月，抽了一个月，却始终没有送出去。所以，我建议所有主播在送奖品的时候，一定要在自己的抖音、微博或者微信把中奖名单公布出来，把对产品进行包装发货的过程也拍一些公布出来，这样，粉丝才知道主播是真的在送，不是做做秀而已。因此，抽奖之后公布中奖名单以及后续的流程公开就显得非常重要。

2.4 建立优秀的直播习惯

2.4.1 主播职业规范

不知道你们有没有发现，很多人做主播，只是把主播这份职业当作一份普通工作来做。很多人对于主播这份职业缺乏清晰的认知，以为直播只是坐在镜头前面，讲讲话、带带货就行，不认为这份职业跟其他工作有什么不同。相反，我们去看看那些优秀的主播直播间，他们都有极其严格的直播操守和职业规范准则。现在我们来看看做一个优秀的主播需要具备哪些职业规范。

第一，直播状态。直播状态有很多种，作为带货主播，薇娅和李佳琦是业内做得很好的，所以建议大家去淘宝平台看看薇娅和李佳琦的直播回放。打开薇娅和李佳琦的直播间，肯定会看见他们已经进入直播状态，就像央视每晚七点《新闻联播》的主持人一样，开播即进入状态。

（1）注意直播前3秒。打开薇娅和李佳琦的直播间，不知你们是否发现，开播前3秒，他们就开始说话。这就好比拍短视频，必须在3秒之内吸引观众眼球，若是在3秒之内不能吸引观众，他们就会滑屏观看下一个视频。再来看薇娅，她每次开播第一时间就会和观众互动："Hello，我来了，废话不多说，先来抽波奖。"大家去看她的每一场直播，基本上每场开播都是这个状态。大家再去看李佳琦，也同样是这个状态。优秀的主播，都会在直播前3秒进入状态，而那些特别优秀的主播，能做到开播1秒即入镜。但是，反过来，再去看看那些做得不怎么好的主播间，去观看他们的直播或者回放，就会发现要么就是直播间没人，要么就是直播间空屏，主播不在场，要么就是主播还没有准备好，正在进行筹备安排，要么就是主播坐在镜头前面不知道说什么，在那里玩手机、发呆。从开播的前3秒，就可以看出一个主播是否具有专业素养。

所以，建议所有主播一定要重视直播前3秒。像抖音这样无回放的直播间，稍微注意下就行，但是像淘宝这样有直播回放的平台，就要特别注意。很多粉丝可能在主播直播时，没有时间观看，他们就会去看回放。一个直播间点进去无人或者主播不说话，一个直播间像薇娅、李佳琦的直播间一样，进去就听到欢迎粉丝的声音并有机会拿到福利，对于你来说，更喜欢去哪一个直播间呢？一定是直播状态好的主播的直播间吧。

（2）全场保持激情状态。主播能否嗨翻全场、全程保持激情状态，也是判断主播是否专业的一个标准。同样，我们再以行业标杆薇娅和李佳琦为例来分析。大家去看薇娅和李佳琦的直播回放，随便选择一个时间段，都会发现薇娅和李佳琦的精神非常饱满。只要坐在镜头前面，他们就是主播，尽的是主播的职责。几个小时的直播，他们一直都保持为粉丝讲解产品的热情。这样的直播间才是一个真正有活力的直播间。

相反，若是去看那些排名靠后的主播直播间，你会怀疑，这真的是直播间吗？与头部级主播的直播间有云泥之别，他们的直播间是怎样的，我带你们走进一下。凌乱的背景设置，沉闷的直播间氛围，主播无精打采的。

两种直播间，两种人生态度：积极和消极。如果是你，你会选择停留在消极的直播间吗？

在带货秒杀产品的时候，主播要给自己设置一个口号。比如一提到“李佳琦”就会想到“OMG（Oh My God），买它，买它”。这种口号有什么用，在李佳琦的直播间待过，就会知道这句话在整场直播中的关键性。“OMG”一出，消费者的情绪就会立刻被调动，效果就像老师在课堂上讲“考试重点来了”一样。同时，口号不仅聚焦了消费者的注意力，还让主播自己也达到了介绍产品时的最好状态。一说口号就兴奋，主播就会自然地提高声调，关键性的口号和饱满的精神状态，就会刺激消费，调动整个直播间的气氛。直播间一活跃，主播的带货节奏就会越来越好，直播间的销量就会越来越高。

所以说，主播能不能带货，就看他在直播间是否充满激情。

第二，直播间的一些基本动作。上面讲了直播的状态，但光有状态还不行，还需要注意一些小细节。成功的直播好似足球比赛，饱满的激情和精湛的球技，缺一不可。一是直播过程中，主播或者助播是否有经常引导粉丝点赞、加关注、加粉丝团的行为。二是在每次产品进行秒杀前，主播有没有给粉丝演示如何在直播间领取优惠券和下单购买的操作。三是每次直播前，主播有没有做好直播前的预热和预告。四是在直播间，主播是否经常重复个性化开场白和使用万能的引导话术。

第三，下播之前预告。每次下播之前，主播是发表下播感言，并发布下次直播的预告，还是直接跟粉丝说“我下播，再见”？发表下播感言和发布下次直播的预告，是主播都必须养成的职业习惯，这和你在线下商场购物，店员会在你进入时说“欢迎光临”，出去时说“欢迎下次光临，您慢走”是一样的。直播间的主播就是一个大导购，他的态度决定消费者、粉丝是否购买，是否会再次光临直播间。优秀的主播一定会有饱满的精神状态，基本动作会很到位，开场白和下播语会很精炼。

综上所述，养成良好的职业习惯，是当优秀主播的必备条件，也是评判主播是否专业的重要因素。

2.4.2 直播间活动设计和营造直播间氛围

对一场成功的直播而言，主播和粉丝都是不可或缺的。上节讲了作为优秀主播必备的职业习惯，现在我们来说说粉丝，即：直播间活动设计和直播间氛围的打造和维护。

第一，直播间活动设计。直播间的活动不外乎那么几种，跟线下商场打折、抽奖等是一样的套路。直播间为什么需要活动，大家经历过商场打折促销就应该知道，商场促销时人山人海，柜台甚至会被围得水泄不通。所以，直播间的活动设计，有利于直播间保持长时间的活跃。直播间的活动，不像线下那么复杂，它只需要主播在设计整场直播脚本的过程中，提前把设计好的活动植入。机会都是留给有准备的人的，好的策划就是成功的一半。现在我们讲讲直播间到底有哪些活动，该如何做。

（1）开播抽奖。开播抽奖，这个环节我认为是非常有必要的。将开播抽奖坚持得最好的主播，就数薇娅。每场直播，薇娅都会提前几分钟进入直播间，利用这几分钟聚聚人气、调整状态等。知道她开播就抽奖，很多粉丝会在薇娅开播前几分钟进入薇娅直播间，守在直播间门口，静候薇娅宣布抽奖。这也是为什么薇娅正式开播时直播间有那么多人的原因。

开播抽奖还有一个好处，那就是利于过款环节的展开。因为抽奖，直播间聚集了大量的粉丝，这个时候主播可以把今天所要直播的所有产品都先展示一遍。不同粉丝买不同的产品，若是粉丝要买的产品靠后，他可能会一直待在直播间等到那款产品上架，或者是待会儿再进来。所以，建议每一个主播都给自己下一场直播设计一个开播常态化活动。

（2）下播抽奖。有了开播抽奖，那么肯定也要有下播抽奖的设计。道理跟开播抽奖类似。开播抽奖聚集了很多等待抽奖的粉丝，那么下播抽奖肯定也是，此时吸引的都是要在直播间待到直播结束的粉丝。因为抽奖时人气活跃，这时候就像开播抽奖后过款一样，主播可以把第二天的直播时间告诉大家，把福利以及要上架的爆款给大家透露下，完成这一流程之后，再进行下播抽奖和下播。

开播抽奖和今天的产品过款，下次直播预热和下播抽奖，两个环节相辅相成，首尾呼应。把握这两个环节，把产品和直播间活动填入其中，就能形成直播的一个完整闭环，主播直播就会得心应手，就能强力把控节奏。

（3）设计提升直播间氛围的活动。设计提升直播间氛围的活动，就是引导直播间的粉丝对直播间进行点赞、评论和转发。这样的活动该如何设计，我为大家讲解一些小技巧。假如你的直播间现在的人气为5万人，你想直播间人气破8万人，你就可以跟粉丝说我的直播间人气达到8万人，就开始抽奖送福利；或者在下一个直播整点前，直播间人气达到10万人，整点就给大家抽奖送福利；还可以说直播间人气只要在下一小时破8万人，就给大家发红包抽奖，幸运粉丝更有神秘大奖相送。这样提升直播间氛围的方法还有很多，就看主播的脚本如何穿插设计。在抽奖预热环节，主播可以把接下来的直播产品过一下，若是直播间的氛围非常好，可以把刚才卖爆的产品再售卖一次。

（4）刺激消费者下单。直播的目的肯定是刺激消费者下单。

①砍价。前面讲的是人气抽奖送福利，这里主播可以把抽奖送福利换成砍价。比如说，直播间人数是1万人，在产品秒杀环节，主播觉得产品价格不理想，自己就跟供应链上的厂家现场直播砍价，砍价结果是直播间人数达到多少让利，比如说是人数达到1.5万人，该商品就砍掉1块钱，原本需要19.9元，现在只需要18.9元。这就是一种很好的直播销售方式。

②套装搭配。套装搭配是刺激消费者下单购买的重要方式。比如说第一款产品单品售价为29元，第二款产品单品售价为19.9元，之后再出一款性价比超好的产品需要99.9元，主播就可以说买99.9元的产品直接赠送前面两款产品，下一次单，发三件货。

③优惠满减。消费活动还可以借鉴当当网购书优惠活动。当当每隔一段时间就会进行“购满100减50，200减100，300减150”的半价优惠活动。主播也可以在直播间开展优惠券领取活动，比如，一件商品原价699元，领取300元优惠券，399元就可以入手到家；或者设计在直播间消费满500元的

粉丝，就可以在直播间领取价值199元的套盒。这种组合优惠跟产品搭配相类似。

④福利赠送。主播可以宣布，在直播间今天消费排名前3的粉丝或者消费达到某某数值的粉丝，会有大奖相送，比如第一名送iPad、Macbook、iPhone，第二名送新款华为手机，第三名送某某大品牌化妆品，等等。这样的福利可以刺激消费者在你直播间快速下单：你的产品，我刚好有需求，达到某数值还能免费领取价值千元的手机，何乐而不为。直播间的很多玩法，都是借鉴线下的、传统的活动，所以，思路决定出路。当然，提个醒，进行这样烧钱的直播有一个前提，那就是主播的直播间基数必须非常大。以衣哥、岳老板为例，他们一场直播下来销售额上千万甚至破亿，那么赠送高价值福利也就无所谓了。而小主播、中等主播不建议这样玩。但刺激消费者的活动，也是直播间活动中必须要有的一个环节。

第二，营造直播间氛围。直播间活动的设计完毕，人气起来了，直播间活跃起来了，这时主播就要想办法管理直播间，营造一个有氛围的直播间。好比主播就是战场上的将军，刚进行完征兵、招兵，组建了军队，现在需要把新兵在短时间内训练成能打胜仗的尖兵，而直播间的初期消费者便是“新兵”。他们不会下单购买产品，主播需要营造直播间氛围，让这些本就是实力派的“新兵”下单购买，成为“尖兵”。关于直播间氛围的营造，我提出两点：抢购氛围和宠粉氛围。

（1）抢购氛围。营造抢购氛围是每个主播必备的技能之一。每一款产品上架后，主播都要引导粉丝对产品进行“扣1”，比如说喜欢的宝宝“扣

1”，想要的宝宝“扣1”。当然，不只主播可以这样引导，助播也可以。关于“扣1”，在评论区极少的情况下，可以鼓动旁边的工作人员都进入直播间进行“扣1”，带动一波互动。

直播间总共有四类人群：一是主播以及工作人员；二是有意愿购买的消费者；三是可买可不买的消费者；四是不购买看热闹的消费者。第二类有意愿购买的消费者肯定会在评论区疯狂“扣1”，他们有需求，要购买；第三类可买不买的消费者，可能“扣1”，但不“扣1”的可能性更大；第四类不购买看热闹的消费者，坚决不会“扣1”。新品上架第一波“扣一”互动后，就该轮到第一类人群主播以及工作人员出场了，主播可以说：这款产品的优势在什么地方，与其他竞品相比突出的地方在哪儿，性价比怎样。之后主播就引导粉丝继续“扣1”，工作人员配合。直播间越活跃，“扣1”的人数就越多。

主播可以在气氛热烈的时候进行砍价活动，在砍价过程中，粉丝“扣1”越多，主播就砍得越低，大家互惠互利。想买的肯定“扣1”，如果能降价，就会越发兴奋；第三类人群也会“扣1”，就是想看看能降到多少，价格合适，说不定就买啦；第四类人群，看见评论区那么火热，也想是不是也来扣一波，这么多人想要，是不是真的好。利用消费者的从众心理，就可以把第四类人群转化为第三类人群，把第三类人群转化为第二类人群。而第二类人群因为降价的缘故，不仅增加了购买的意愿，还可能通过这活动进入主播的粉丝团，成为主播的一个粉丝。所以，想要直播销量好，就必须会引导粉丝，学会把非意向人群转化为意向人群。

（2）宠粉氛围营造。

①喊粉丝名字。我建议所有主播学会一件事，就是喊粉丝的名字。一直都在说宠粉宠粉，但不知道如何宠粉，喊粉丝账号的昵称就是一个非常好的宠粉操作。你们来过我的直播间就会知道，在我的直播间，我会经常喊粉丝的名字，并且还会跟他们在直播间聊天。

主播在直播间应能喊出粉丝的名字，知道该粉丝是何时关注的，何时加入粉丝团的，因为什么而加入的。当主播把这些通过直播传达出去，这个被你点名的粉丝对主播的黏性肯定会越来越强，主播在直播间点他的名，喊他的名，并且知道的还那么多，他就会瞬间产生优越感，感受到主播对他的认可和尊重，就会非常兴奋。这样不出三次，该粉丝就会变成主播的铁粉。

②讲故事。在直播间喊出粉丝的名字以及说出与该粉丝的交集故事，不仅可以增加该粉丝的黏性，还能让主播的形象在其他粉丝心中上升一个段位。粉丝会想：主播这么红，还知道我们这些粉丝，真的是超级感动，能成为这样主播的粉丝，真的是超幸运。宠粉不应该只在抖音平台，还可以在其他有社交账号的平台，比如快手、西瓜等短视频平台，以及微博、微信等社交平台。主播应尽可能多地回复粉丝在各大平台上对主播的留言，而这些留言的回复，在直播间没有话题的时候主播也可以拿出来讲，说直播间某某粉丝原来是我微博的粉丝，当时为何与他结缘等。主播在直播间表现得越宠粉，粉丝就越能感觉到主播真的在关注他们。

③准备好每天直播氛围营造时用的话题。很多主播在直播间不知道跟

粉丝说什么，每天就是介绍产品，介绍产品，主播自己都烦了，更别说粉丝了。这些主播每天上班的内容就是直播，就是对直播话术技巧的练习，根本没有时间也不知道怎么去设计话题。直播间想要有话题，我教大家一招：去微博里面搜。微博是大量信息的源头，热点趣事大部分都是从那里传出来的。比如2020年秋天很火热的“秋天的第一杯奶茶”的话题，就是从微博传出来，并被拍成了抖音视频。微博上的话题粉丝大多都知道，主播不用担心与粉丝不能形成互动。因为有共同的话题，主播的直播间肯定会更火热。除了微博，主播还可以在抖音搜索热点话题和热点事件，哪些话能讲哪些话不适合说，可以看后面讲的直播禁忌。

总结来说，与粉丝互动，话题哪里找？主播可以在前一天晚上或者第二天刚起床时，打开微博搜一搜，打开抖音刷一刷，看看今日最热话题和最热视频。

2.4.3　直播间的应急预案

作为一个新主播，特别是带货主播，在养成良好的职业习惯，学会直播间的搭建、活动策划和氛围营造这些必备技能之后，就能做好带货直播了吗？光知道这些是远远不够的，意外时常发生。所以，新主播必须要为直播间制订应急预案。下面说一说直播间会遇到的常见的问题。

第一，黑粉。黑粉分为两种：一种是我们熟知的键盘侠、杠精，说话不用负责；另一种是竞争对手为了破坏主播在直播间的直播节奏和情绪，专门雇人去直播间当黑粉，说主播卖的产品贵，质量不好，其实他都没在直播间下过单。

很多新主播遇见黑粉，就会觉得特别委屈，认为我那么认真用心地为你选品，为粉丝推荐性价比超高的产品，不买就算了，凭什么还要攻击我。还有的主播遇见黑粉，不管三七二十一，先怼回去再说，你说我不行、不对，那你说说我哪里出了问题，脾气暴躁得不得了。

关于黑粉，可以用以下几种较温和的方式进行处理：

（1）漠视黑粉、不搭理黑粉。我又不是人民币，做不到人见人爱，不能让所有人都喜欢我，你想说啥就说啥，关我何事！一个直播间，黑粉也就那么少得可怜的几个人，犯不着为了跟几个黑粉较劲，而忽略直播间的粉丝大群体。不搭理黑粉，不仅能让他无话以怼，主动退出直播间，还能体现出主播的大胸怀。你的人设一旦被立起来，喜欢你的粉丝就会越来越多。

（2）表明态度。

①我是真的在用心为粉丝选出性价比超好的产品，直播这件事我一直在认认真真地做。

②我会对我的每一个粉丝负责，你们的产品有任何售后问题都能来找我，如果我解决不了，我会帮你们去联系厂家解决。

③如果你是竞争对手雇来恶意攻击我的，那么请你出去。简单真挚地表明你的态度，不虚伪不套路，主播之路才会越走越远，越走越宽。

第二，网络。很多主播在直播时都面临网络卡顿的问题，大主播作为新主播的时候，也经常遇到这种问题。

遇事不要慌，去看看大主播是如何处理的，然后把处理问题的方式运用到自己的直播间。

（1）主播一定要记住，问题等于机会。主播处理问题的态度、方法，就决定了主播的直播间人设。前面讲过作为主播的职业素养，现在就可以拿来用了。首先，主播要有一个积极良好的心态，泰山崩于前而色不变。其次，跟粉丝道歉，坦白地对粉丝说，我先下播几分钟，几分钟之后再上播，你们可以晚几分钟再来。直播问题出现的时候，恰恰是人设确立的好时机。

（2）经历过一次网络卡顿现象之后，主播肯定要做紧急预案，这是为了避免再次的尴尬。比如可以选择一个网络较好的地方进行直播，或者安装一个稳定的Wi-Fi设备等。

第三，产品售后。产品售后问题是每个主播都会遇到的问题，不管是新主播还是像薇娅、李佳琦这样的大主播。要明白，带货主播就是一个导购员，主播只负责帮别人卖产品，而产品的生产商不是主播，产品的发货员不是主播。在直播间下单的粉丝可能会问下单之后怎么还没发货，或者是怎么退换货。如果客服忙不过来或者没有及时回复，粉丝就会把在客服那里遇到的问题或者售后处理过程中的问题在直播间反映。

这些情况是所有带货主播都会经历的。所以，我建议：

（1）端正态度。主播要跟粉丝说，会为你们负责到底。因为粉丝是看直播购物才有售后问题出现的，所以主播要把所有的责任全部扛下，要告诉粉丝稍安勿躁，静待佳音即可。

（2）全网向粉丝告知售后处理流程。主播可以通过短视频、微博、微信公众号以及直播间直播的形式，告诉粉丝，有问题可以在主播新拍的短视频下面留言。主播可以说，我会让客服小姐姐整理问题，然后在直播间内统一回复；大家问题一个一个解决，才能解决，若是你一嘴，我一嘴，谁的问题都解决不了。

通过以上的方式处理，主播的直播间肯定会越来越好。罗永浩刚开始做直播的时候，翻过好几次车，那段时间是罗永浩直播的低谷期，网络上到处都是关于罗永浩的负面言论。翻车之后，罗永浩第一时间给大家道歉：我售卖的产品，我承担责任，所有产品有问题，我就去找商家进行洽谈，商家不同意售后的，我再去找商家，实在不行由我来赔付。因为面对粉丝售后问题，采取积极的态度，所以罗永浩最终在抖音上有了真正的立足之地。

所以说，翻车翻得越狠，人设立得越稳。不要怕翻车，采取措施积极应对才是关键。

第四，现场翻车问题。主播一年要做几十场，甚至几百场直播，直播现场翻车的现象肯定会发生，没有人能做到百分之百无失误。

遇到现场翻车状况，如何解决？从两方面入手：

（1）产品方面。如果确实是产品有问题，主播应向直播间的粉丝道歉：团队的选品不给力，没认真对待，产品质量把控不合格，我们负责给大家进行经济损失的赔偿；今后团队在选品方面一定要认真对待，保证不再出现类似的状况。

（2）操作方面。每款产品都有使用说明书，如果是主播没有按照说明书上面的流程操作，导致现场出现产品问题，这个时候主播可以依据操作不规范做出解释，并应按照说明书再操作一次，若是这次还是出现问题，就是主播选品有问题了，应向粉丝致歉；若是没有问题，主播可以提醒大家，大家使用任何东西前，一定要看产品使用说明书，避免发生先前的情况。凡事不要慌，不要着急，千万不要作假糊弄粉丝。沉着冷静，积极应对，才是正确处理问题该有的态度。

第五，产品上架环节。产品上架环节出现的都是些什么问题呢？一般来讲，问题主要出在主播与运营之间的配合不到位：主播在倒数3—2—1，那边链接还没准备好；主播说这款产品现场改价，运营未改好价就上链接；主播介绍完这款产品，开始介绍下一款，而下一款的链接还没上；链接内库存不够，需要增加，还没改好；链接出现问题，挂不上车；等等。为避免出现这些问题后主播束手无策，所以在直播前进行脚本设计的时候，就要把紧急预案设计在内。比如，在产品上架链接出现状况时，主播可以跟粉丝说在链接上架前，先给大家来个小福利——抽奖，或者跟粉丝聊聊热点话题。总之，在这段时间内，主播要让直播间保持活跃。所以，预案内要设计准备抽什么奖或者与粉丝聊哪一个话题，以等待运营链接上架。

第六，直播间问题记录。

（1）产品问题。关于主播推荐的产品，粉丝可以提出自己的疑问，如果提问超出了主播的知识范围，工作人员一定要记录下来，待商家解决，之后通过各种渠道公布，或者由客服直接联系询问的粉丝，向粉丝解释。

（2）直播间问题。主播、副播配合是否默契，运营人员是否能跟上主播的进度，产品话术、引导话术等的运用是否有问题，都要记录下来。关于这些问题如何解决，后面有一节会专门阐述，这里不再赘述。

第三章

【货】直播间的选品策略

读者的心态是“有趣，有料”；

消费者的心态是“有用，有效”。

——杜子建

3.1 粉丝画像与销售喜好分析

直播刚兴起时各个平台都给主播提供了相当多的流量支持，然而，轻松就能获取流量的时代已经过去，直播间需要创作优质内容或者通过付费来获取流量。进行直播带货，需要的是精准用户，如果用户不精准，流量再多也没有太多作用，不能够变现。例如抖音上拥有上百万粉丝的账号，甚至不如只有几十万粉丝的账号价值大。在这个全民皆可直播的时代，每个平台都不缺内容、主播等，用户想看啥就看啥。如果一味埋头苦干只关注内容，很可能市场和用户都不买账，辛苦一番最后做的都是无用功。

那么，在这样的形势下，作为一名主播或者内容创作者，我们应该怎样做呢？

答案就是：巧用数据分析得到用户反馈，反哺内容，让内容越来越受用户喜欢，让直播越来越受用户追捧。在这个全民直播、内容为王的时代，主播的内容和人设受到用户青睐，流量自然就会越来越大。

那么问题来了，如果要想短视频作品获取更多曝光，直播带货效果更好，具体要怎么做呢？只需谨记以下技巧：

☆ 借力平台做数据分析，找到用户需求标签、用户画像。

☆ 通过数据平台找到人群标签和用户偏好。

首先，我们来讲第一个技巧，善用大数据平台，分析记录用户的需求标签，找到用户画像。你拍的短视频要广受欢迎，就要找到用户喜欢的内容，但主播又不可能挨个问用户喜欢什么，这个时候，如果主播能轻松获取到需要的数据，就会帮上大忙。

这里，我为大家推荐几个好用的数据平台，以供大家参考：

飞瓜数据：它通过海量的视频数据，可以快速地帮创作者分析出目前平台上的用户喜好、热门视频、对标的优质账号以及火爆内容的用户画像。它对于洞察用户的兴趣标签和用户喜好非常有用。它还可以分析视频引流直播间的作品以及热门直播，方便我们做对比和分析。

卡思数据：它整合了全网的视频分析数据，利用多种维度的数据算法，提供全方位的数据查询、趋势分析、舆情分析、用户画像分析、视频监测、数据研究等。

蝉妈妈：它可以捕捉用户的兴趣和关注点，可以追踪账号实时数据，分析账号的各项数据的变化趋势。

这些平台有些是付费的，有些是免费的，各位主播在使用的时候可以按照自己的喜好进行选择。有了这些大数据分析平台，就可以更客观地了解用户，策划内容。简单来说，经常出现在这些数据平台上的标签词语，就是用户最关心的内容，我们只要针对关键词做好内容就行了！

接下来看看如何正确使用专业的视频数据分析平台。以飞瓜数据为例：它可以让你掌握行业数据趋势、布局短视频生态、快速提升自己账号内容和直播间带货技巧。那么如何去使用它，才能帮助我们提高运营技巧，真正读懂用户呢？

通过飞瓜数据的行业、账号数据分析，可以定位账号方向，明确主播擅长的内容。飞瓜数据可以提供各类最新热门视频、音乐、话题、评论等资源，可以了解粉丝活跃情况和粉丝舆论动向，帮助用户巧妙地将热点“梗”融入内容创作中，增加获取大流量的机会。飞瓜数据可以实时监控账号运营，跟踪账号数据变化，分步骤完成账号运营流程监控分析，第一时间制订内容调整方案。

根据每场直播的情况，飞瓜数据可以查看人气数据、观众画像以及互动次数，也就是整场直播的所有数据都可以看到，这便于我们分析销售喜好以及人群标签属性。通过数据分析平台，能快速搜寻到时下热门的用户兴趣标签，再结合自己的内容做优化，就比较容易找到粉丝的兴趣点，播放效果也会有保证。

其次，通过数据平台找到人群标签和用户偏好。通过数据分析，简单地知道了用户画像，那么，应该如何运用粉丝画像，优化直播间粉丝人群，让带货更直接精准呢？这里就要用数据分析软件，去精细粉丝画像的维度。例如，要知道用户的性别、地域、年龄、学历、消费水平、婚育状况等，甚至要对粉丝画像维度进行二次重组，也就是说通过不同软件得出不同维度的画像，然后进行重组。从粉丝的基础特征、地域分布、消费偏好、人生沉淀（内容取向、兴趣话题、消费时机、消费水平）等方面去衡量，维度重组越多，粉丝画像越精确。每一次作品发布或者开播后，都要对粉丝画像进行优化（粉丝比你想象中的善变）。应按照粉丝画像维度选择、维度重组分析、数据获取、验证分析、改进方案等步骤做用户画像的精确分析，细化粉丝运营颗粒度，也就是粉丝偏好和转化率。粉丝偏好要从内容方向、投放渠道、内容形式、流量采买等维度去剖析，转化率需要从利益点、店铺导流、资源投入、直播种草等策略的使用情况去拆解。

其实在做用户画像时，还要对人群进行标签化。对于直播带货来说，一般可以把人群分为行业人群（行业买家人群、行业搜索人群）、店铺人群（访客、粉丝、成交人群）。此外，还要进行男女性别占比分析、消费年龄段分布分析。那么，寻找人群标签、画像和偏好还有什么方法呢？其实还可以借助直播平台提供的数据，如商品橱窗的商品数据以及抖音小店、精选联盟、小程序、排行榜单的数据，利用这些数据分析用户的标签和偏好，可以进行产品的定位和功能属性划分；针对产品的目标人群，进行价格匹配，从根本上解决粉丝需求和粉丝消耗的弊端，以高性价比提升粉丝活跃度。

如果主播认为粉丝画像和销售喜好的数据不够精准，那么我们可以通过付费的方式进行测试。例如，通过巨量引擎广告投放平台，给直播间投放流量，然后进行自定义人群选取，包括性别、年龄、兴趣。根据投放后的数据，构造用户画像和精准用户人群的模型，这样可以为主播在做带货直播以及视频创作的时候提供建议和指导。

3.2　直播间产品组合与产品上架

相信很多人在带货过程中，不知道橱窗商品的上下架方法和后台的使用操作步骤。接下来我们分析直播间的产品上下架技巧及方法，以提升直播带货的出单率。

我们先来说一下第一部分：直播带货需要的必备功能。做直播带货最基础的就是开通直播商品分享功能。那么，如何申请开通商品分享功能呢？（见图3-1）先登录抖音APP，然后点击“我的”，找到创作者服务中心，点击“商品分享”，按照申请要求进行操作。要进行实名认证，并且个人主页视频数不少于10条，账号粉丝量不少于1000，才能开通（如果是企业号，只需进行实名认证，即可开通商品分享功能）。

一般情况下，工作日申请，当天几小时后就会申请通过；休息日申请，一般要等到周一才能申请通过。很多人会有这样的疑惑：我要开通的是直播商品分享功能，不是橱窗商品分享功能。其实，只有先开通个人主页橱窗权限后，才能自动开通直播购物车权限。

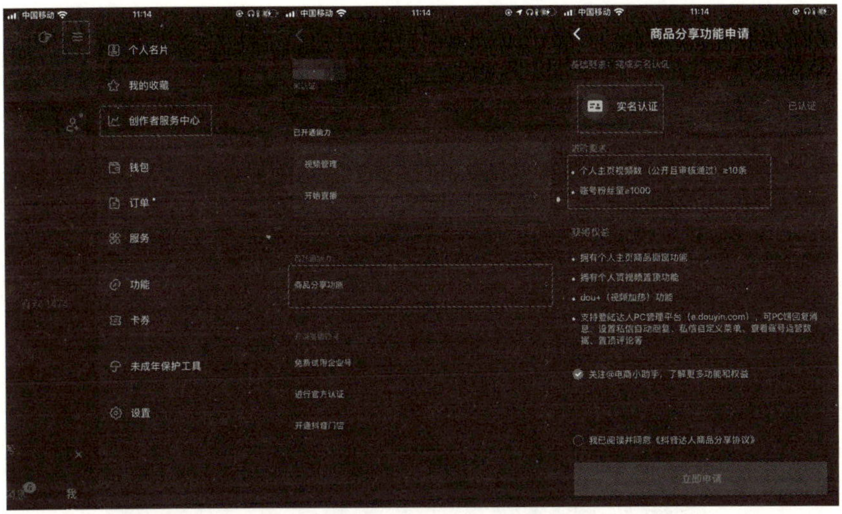

图3-1 商品分享功能申请界面

如果主播要带货，需要先将直播分享的商品提前添加到商品橱窗（见图3-2），才能在开播前和开播中把商品添加到直播间购物车。如何在橱窗里添加商品呢?（见图3-3）点击“创作者服务中心”，进入商品橱窗，点

图3-2 商品橱窗管理

图3-3　添加商品

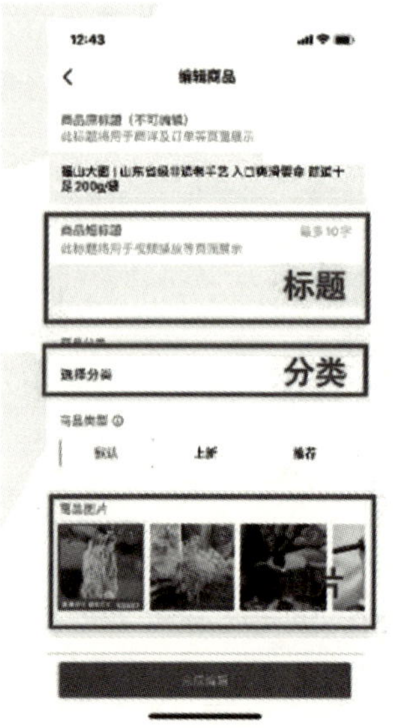

图3-4　添加标题分类

击“橱窗管理”，点击“添加商品”，选择不同渠道添加商品，复制商品链接添加商品，添加商品的标题、分类、展示图片（见图3-4）。

一定要提前添加商品到橱窗，直播中只能添加橱窗内有的商品，添加商品的标题、图片等商品信息要符合平台规范。这里要注意的是，商品标题要与商品相关，不要出现夸大、误导性词汇，禁止引导点击词汇。购物车商品分享要符合抖音规范。

直播过程中商品是如何添加的呢？先

讲讲手机移动端是如何操作的。开播前点击右边的“商品”进行选品，然后勾选开播时要分享的商品；点击查看已选商品，可对已选商品进行管理，包括排序、删除、清空；点击完成，开始直播（见图3-5）。

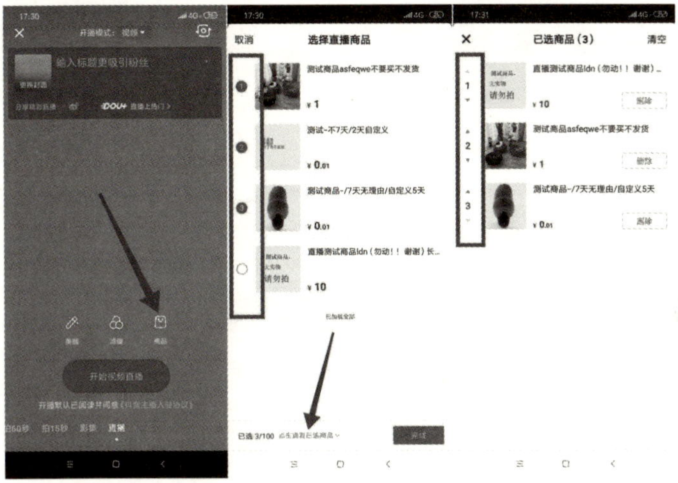

图3-5 商品上架

在直播过程中怎么对商品进行管理呢，也就是直播中如何添加商品、删除商品、排序商品，以及进行讲解呢？从观众视角来说，点击【购物车】可以自动定位到【讲解】，进入直播间有商品弹窗展示；在主播讲解商品时，用户端点开【购物车】直接显示正在讲解的商品，便于粉丝查找。商品添加、删除功能还可用于配合直播间秒杀。目前，【限时秒杀】功能仅限小店商品使用，其他第三方电商平台商品可通过商品添加、删除功能配合秒杀。例如，A商品在限定时间内秒杀，主播在活动开始前将商品价格设置为秒杀价后，活动开始时添加到直播间购物车，活动结束时立即下架即可。具体的商品添加、删除、排序操作如下：

添加商品：点击【管理】—【添加】—【确认添加】—【完成】（见图3-6）。

图3-6　商品添加

删除商品：点击【管理】—【删除】—【完成】（见图3-7）。

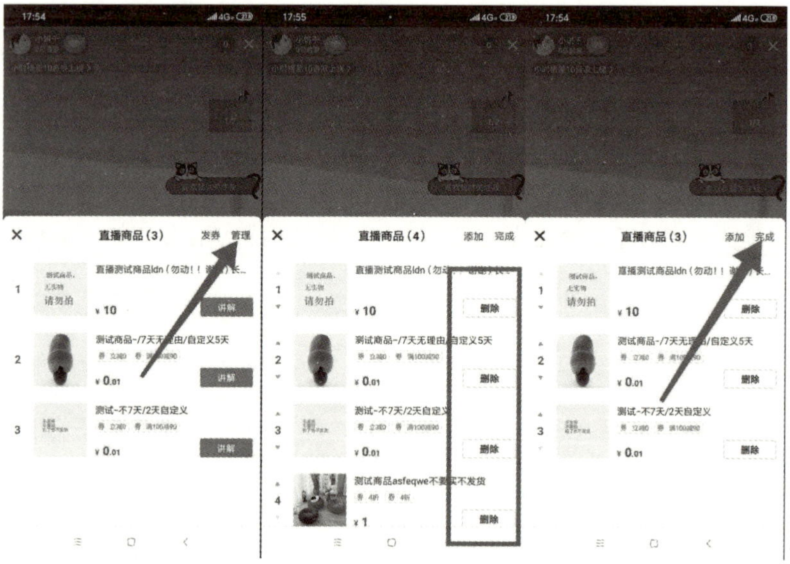

图3-7　商品删除

排序：点击【管理】—【排序】（按住拖动/序号上下小箭头）—【完成】（见图3-8）。

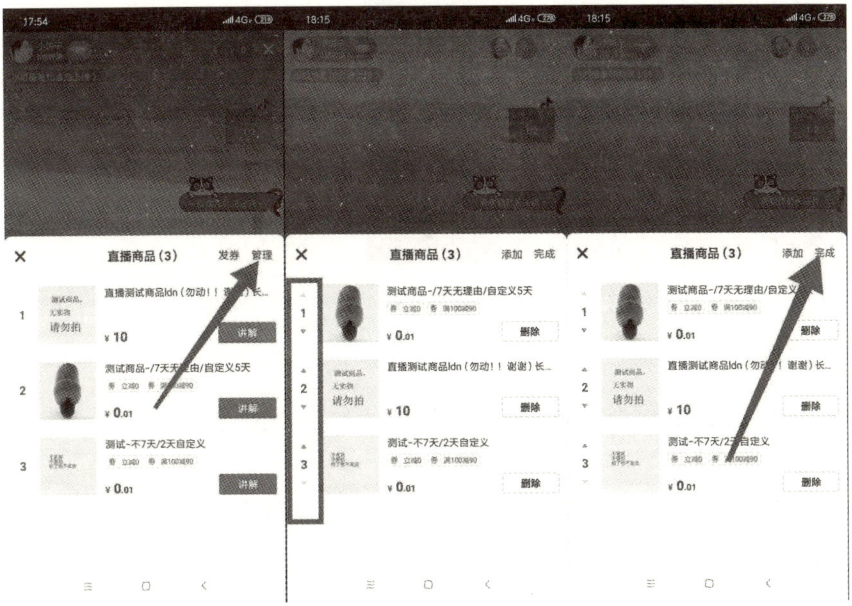

图3-8 商品排序

通过上面的讲解和图示，大家应该知道商品上下架的基本操作了。需要强调的是，大家一定要认真阅读商品橱窗规则中心的分享规范和内容规范以及禁止类目，主播带货时一定要避免碰触红线。

前面给大家讲了移动端产品上下架的操作，那PC端应该如何进行商品上下架呢？登录百应作者PC后台（见图3-9）。

登录百应作者PC后台

图3-9　百应作者PC后台界面

登录百应作者PC管理平台后，点击【添加商品】，见图3-10。

Step1：登录百应作者PC管理平台后，点击【添加商品】

图3-10　添加商品

接着将商品链接复制到商品框里，点击【添加】，见图3-11。

Step2：将商品链接复制到商品框里，点击【添加】

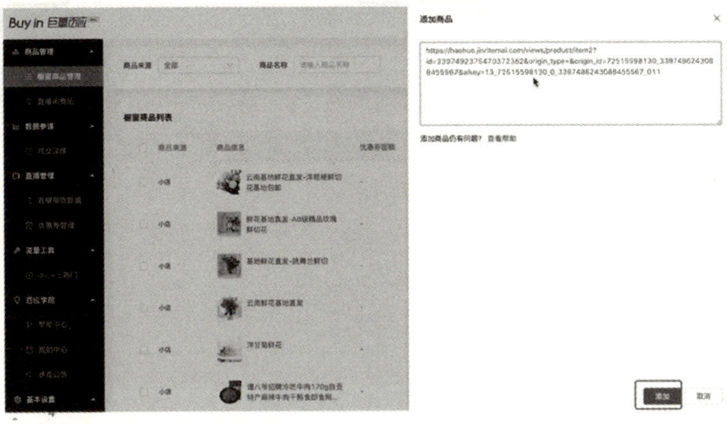

图3-11 复制并添加商品

然后编辑商品短标题，选择商品图片，点击【添加】，见图3-12。

Step3：编辑商品短标题，选择商品图片，点击【添加】

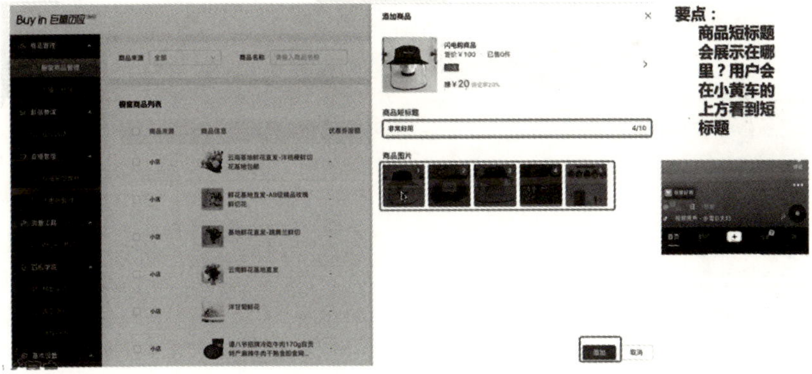

图3-12 选择并添加商品

添加成功后，会展示在橱窗商品列表第一条，在这里可以进行【移除】

【编辑】操作，见图3-13。

添加成功后，会展示在橱窗商品列表第一条，在这里可以进行【移除】【编辑】操作

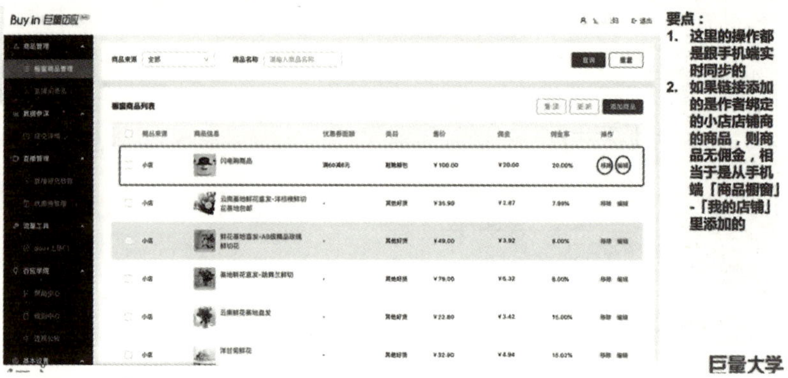

图3-13　移除商品

后台支持按照商品来源、商品名称进行【查询】，支持批量【置顶】【更新】，并支持【移除】等，见图3-14。

支持按照商品来源、商品名称【查询】功能；支持批量【置顶】【更新】，支持【移除】

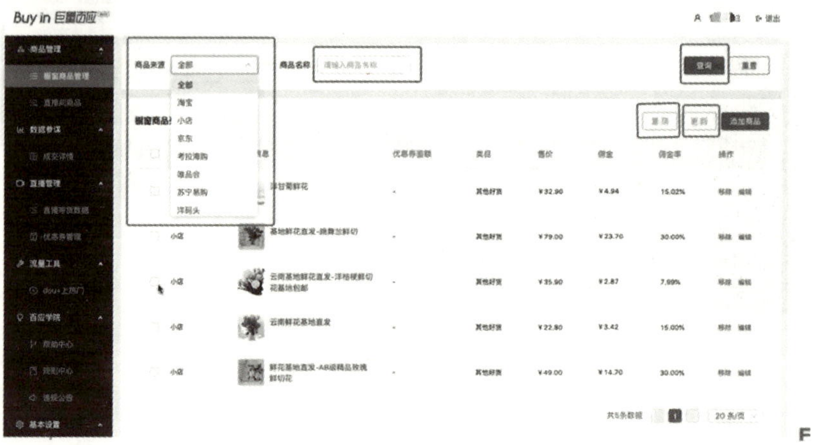

图3-14　按商品来源、商品名称查询及置顶、更新、移除

在开播前应该如何操作呢？应提前将商品添加到直播间购物袋，先选择【直播间商品】，然后点击【添加商品】，见图3-15。

第一种方式：在开播前，提前将商品添加到直播间购物袋

Step1：选择【直播间商品】-点击【添加商品】

图3-15 开播前的操作

接着从【橱窗商品】里添加或【商品链接】直接添加，见图3-16。

Step2：从【橱窗商品】里添加/【商品链接】直接添加

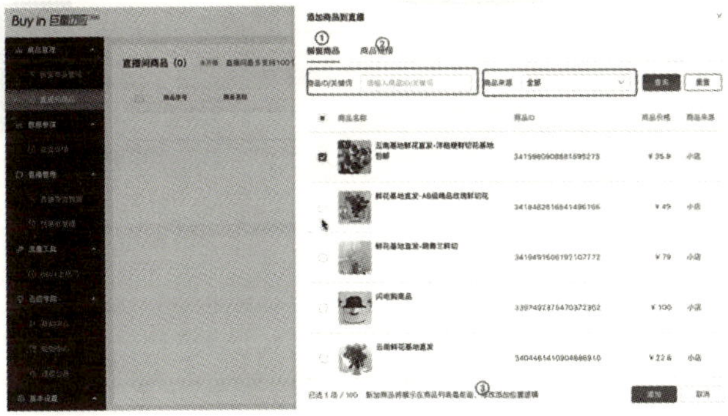

图3-16 添加商品的方式

然后再修改添加位置（默认置顶，此步骤可以跳过），见图3-17。

Step3：修改添加位置（默认置顶，此步骤可以跳过）

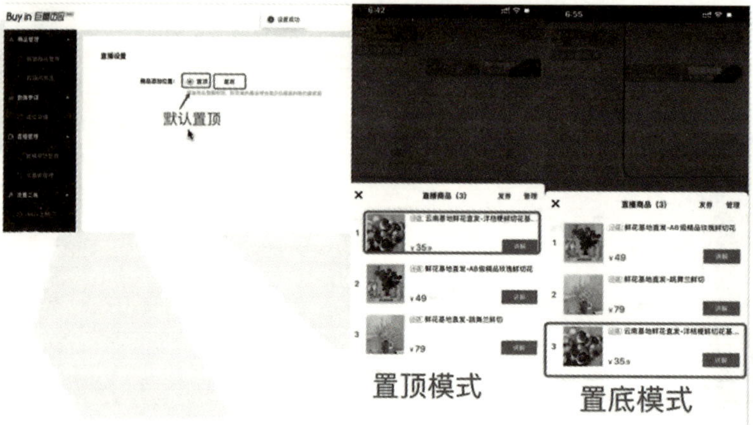

图3-17 修改添加位置

商品添加完毕后，可以进行【调整顺序】【设置卖点】【删除、刷新】操作，见图3-18。

Step4：商品添加完毕后，可以进行【调整顺序】【设置卖点】【删除、刷新】操作

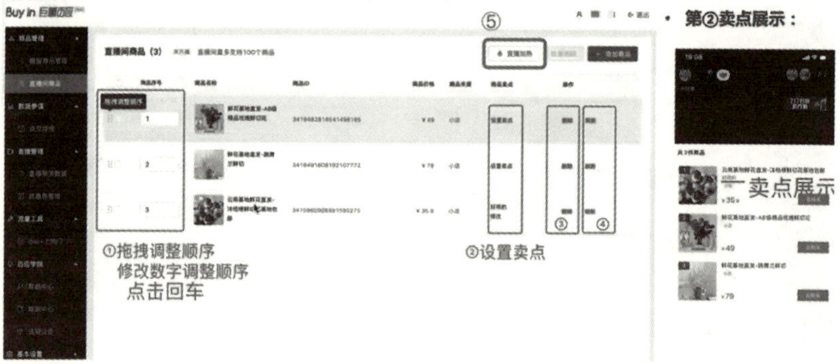

图3-18 商品添加完毕后的操作

如果我们在直播中添加商品，应该如何操作呢？选择【直播间商品】，点击【添加商品】，见图3-19。

第二种方式：直播中添加商品

Step1：选择【直播间商品】-点击【添加商品】

图3-19 在直接间添加商品

添加商品与开播前选品的流程一致，见图3-20。

Step2：（与开播前选品的流程一致）

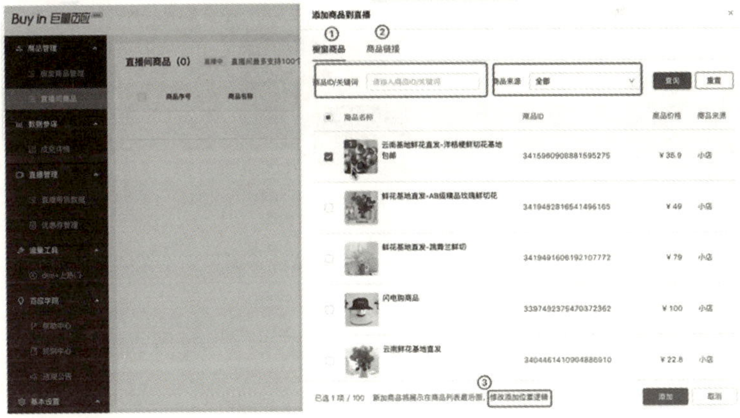

图3-20 添加商品的操作

添加商品完毕；见图3-21。

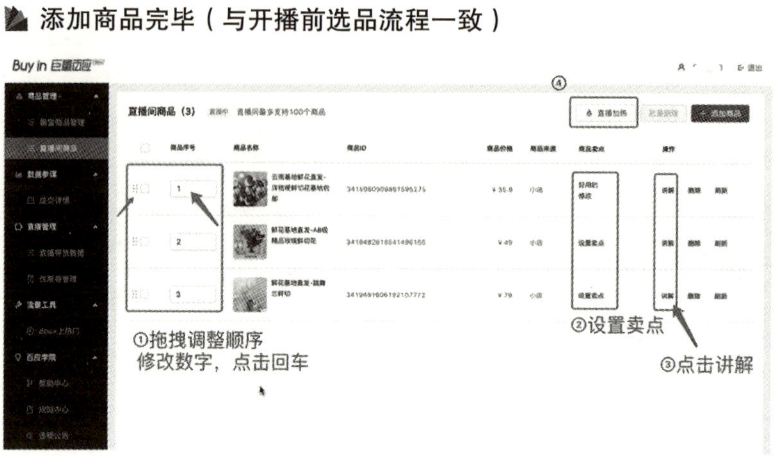

图3-21　添加商品完毕

最后，点击【讲解】按钮，完成操作，见图3-22。

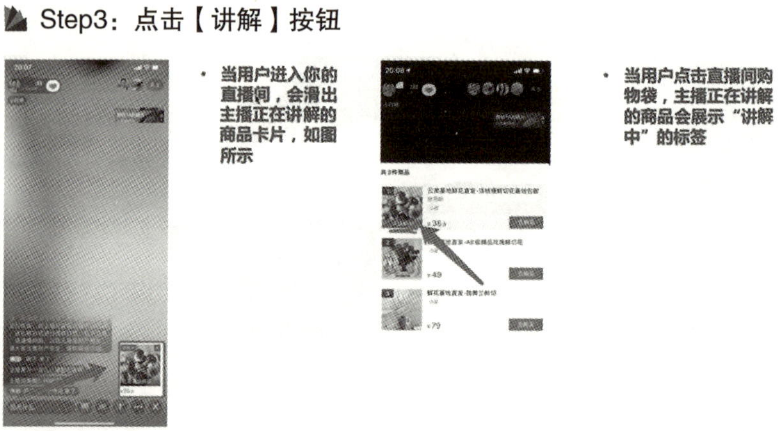

图3-22　开始讲解

以上操作步骤就是直播产品上下架在移动端和PC端的操作技巧，大家可以照着以上流程自己多操作几遍。

接下来我们来讲第二部分：直播间的产品组合以及定价技巧和方法。很多新手主播在带货的时候有很多疑惑：我们的产品是不是都要9.9元包邮呢？如果粉丝只买便宜货怎么办呢？我们的产品客单价高，然后直播间也没有很多人，能卖掉吗？引导粉丝关注主播的福利活动到底如何设计呢？这一系列问题对于新手主播的确是比较困惑的，那么接下来就详细讲解直播间产品组合以及定价技巧。

我将产品分为三大类：第一类叫引流款或宠粉款；第二类叫利润款；第三类叫战略款。直播间的产品定价也是根据这三类产品的特性来制定策略的。

首先是引流款，这款产品定价策略在实体销售中广泛使用。以拼多多为例，拼多多里面有一款产品9.9元包邮，只限10个，如果用户看到这条信息，可能立马点进去，那其他人也看到了，肯定是抢不到的。但销售这款产品的目的已经达到了，即已成功引导用户进入拼多多App里。如果用户花大量的时间去“逛”，那其他高客单价的产品就会有更多机会被看到，最后就可能会下单购买。

同样，我们在做直播的时候，也要有这样一个宠粉产品，即可以黏住粉丝的产品。这个产品我们不赚钱，只是拿这个产品进行引流吸粉。但是大家要记住，主播不能一直卖便宜货，肯定要卖有较大利润空间的产品，所以，直播间重点推销的产品应是利润款。

接下来介绍利润款，我们把利润款又分为单品利润款和套餐利润款。

先说单品利润款。销售单品时，常常会出现这样的情形：59元一件，卖不出去；139元买一发二再送礼品，结果卖爆了。这是不是很有意思呢？

很多直播间的主播使用这种办法实现爆单、爆品，其实不管你是卖59元还是卖49元，都是能赚钱的，但是相比之下肯定139元买一发二这种出单更多，利润空间更大。

另外一种是套餐利润款产品，也倍受用户青睐。例如，我们在购买洗护发用品时，都会选择一整套产品，其中既包含洗发液，又包含发膜。为什么选择套餐产品呢？因为大家都有这样的共识，那就是套餐会更便宜，更划算。

现在多产品组合最典型的利润款就是美妆、护肤套盒，这种套盒的利润是非常高的，甚至有些主播就只卖套盒。我们在对直播间产品进行定价的时候也要采取这种策略，即单品定价稍贵些，组合产品相对优惠。当然，套餐中的各个单品是要有相关性的，不能将毫无关联的产品随意组合在一起，这样的套餐是不会有人买单的。

最后一类就是战略款，什么是战略款呢？大家都知道大牌汽车厂商每年都会出概念车，一般概念车的造价都不菲，那为什么还要这么做呢？目的就是为了告诉你，它实力强，这款概念车只有它能做出来。

直播也要有战略款。推出战略款的目的是什么呢？就为了告诉粉丝，我们是有实力的。这句话是不是很常见呢，其实在直播间有很多主播会说，“我们是有实力的，能议价，能拿到高端的产品”。高端产品会有人买吗？

很难有人买，但是高端产品会有很多话题点，能变相地让用户觉得主播很有实力。虽然有一些粉丝会观看主播介绍高端产品，如做价值千元的面膜直播，但大部分粉丝还是会去买99元买一送一的面膜。推出战略款的产品本来就不是为了售卖，只是为了证明主播有实力，以及在主播没话题的时候能有话题，增加直播时长，这就是战略款最大的意义。

我们再说定价。比如说宠粉款的定价是9.9元、19.9元、29.9元，在这个基础上还可以买一发二，买二发三。前面我们把利润款分为两种类型，一种是单品利润款，只卖一款产品，但卖这款产品需要遵循一个规律，即买一发二，买二发三，把定价定高一点，这样在成交上就会更容易。虽然单品是一个一个单独定价，但卖的时候仍可两个三个一起卖，而这也是直播间主播常用的小技巧。另一种是套餐利润款。我们前面讲了，如果主播一开始只卖便宜货，那以后就很难卖高价的产品。因为主播的销售基调已定，很难改变。除此之外，还有一种没有套盒，需要自己组合的利润款，这样就把一个单品变成了单品组合，规定时间抢购，这样就可起到爆单的效果。

最后讲一下战略款的定价问题。主播在销售高客单价的产品时，常会使用孤品、断码、限量秒杀等小技巧。例如，卖高档服装等产品时，主播常常会在直播间里说今天的这款衣服只有一个码，限时秒杀。其实衣服的码数是很齐全的，但直播间每天都只推送一个码的衣服，目的就是营造一种稀缺的感觉。物以稀为贵，这就能很好地调动粉丝下单的积极性，销量也会不断攀升。

总之，直播的产品组合或者组合排品，都有其规律和底层逻辑可遵循。开播时先卖引流款或者独家款，接着是卖利润款，最后卖战略王炸款，在主播卖王炸款时通过限时限量来带动直播间销售节奏，然后持续不断地重复流程。运用精心设计的组合排款以及组合定价的技巧策略，一定可以促进直播间的下单和转化率。

3.3 供应链的售后及发货

3.3.1 处理售后问题

从新手主播到成熟主播的过程中，人气和订单量会不断地增加，售后服务问题也随之而来。我们该如何高效地处理售后服务问题呢？千万别忽略每个环节，因为每个环节都会决定主播的粉丝人气和订单量。这里跟大家分享一些操作技巧和避坑方法：

第一，按类型筛单打单。一般来讲，每一场直播下来都会有不少的订单。针对多类型不同SKU的订单，配货筛单可不是件容易的事儿。根据商品名称、规格、订单类型、订单状态、自定义排序等条件查询筛选，附加增值功能，分类、分组打单发货就相当方便。

超区提醒：超出配送地区的订单在打印前就能筛选出来，避免发货后无法派送。

修改价格：货到付款订单与消费者沟通后如果需要改价，可以直接修改。

退回件查看：查询退回件以及物流状态等。

第二，售后问题处理。货物发出后，如果碰到异常情况，都可以在“一键工单”里处理。例如：当消费者取消订单后，可以直接操作一键拦截，快递公司内部立即会终止运输并退回；修改价格后需要派件网点重新派送时，可以发起重新派送；其他问题也可以直接一键下发工单，不用通过线下各种聊天工具“爬楼”查找，以及和快递物流进行低效的沟通了。

第三，物流状态全节点异常监控。“全链路监控”可以让主播实时掌握各种物流环节，如收、发、到、派、签等，实时获悉包裹各个节点状态，提前发现异常物；如有必要，还能一键发出工单，通知相关网点，提前解决问题，避免消费者投诉和取消订单，提升店铺好评度。

第四，重量运费实时查询。发货后，在“账单运费”里可以实时查询运费重量和账单，不用为对账而烦恼。

第五，短信通知。通过“短信管理功能”可以在任何环节发送短信通知收件人，优化消费者购物体验。如出现快递退回等异常情况，系统会短信通知商家提前处理，避免丢货、遗漏等情况发生。

第六，数据安全权限区分。如果有多部门、多门店、多仓库打单发货，常常使数据混乱，无法区分对应的人、对应的货品以及结算对应的账单。这时可以建立父子账号，自动区分子账号数据，在数据安全得到保障的同时，有效区分各个子账号打单发货数据。

3.3.2 如何发货

直播间粉丝下单后，后续的发货流程应该如何操作呢？首先，商家进入【订单管理】页面后，点击【备货中】，勾选要发货的订单，即可进行发货操作。当订单号与物流单号匹配确认完成后，订单将进入【已发货】状态（见图3-23）。

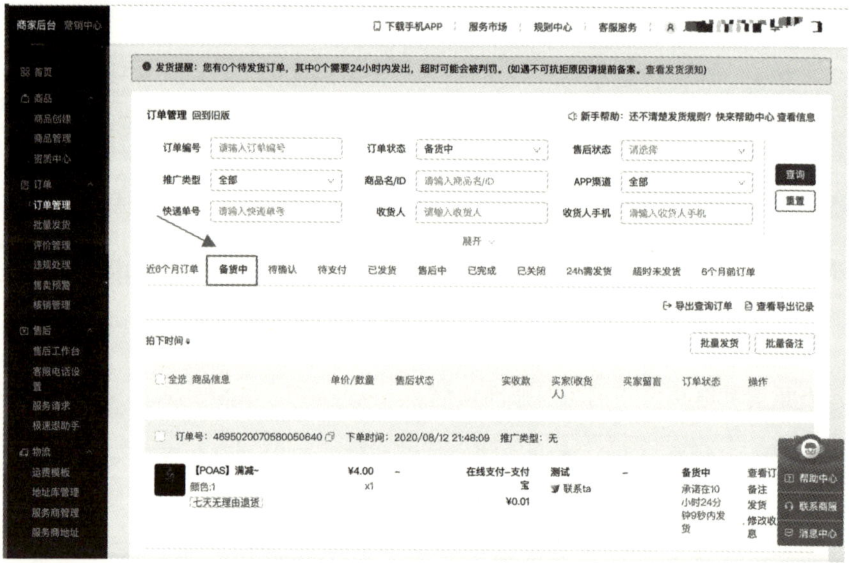

图3-23 订单管理页面

特别提示：当有订单需在24小时内发货或超时未发货时，【订单管理】页面上方会有提示，商家可点击查看平台相关发货规则（见图3-24）。

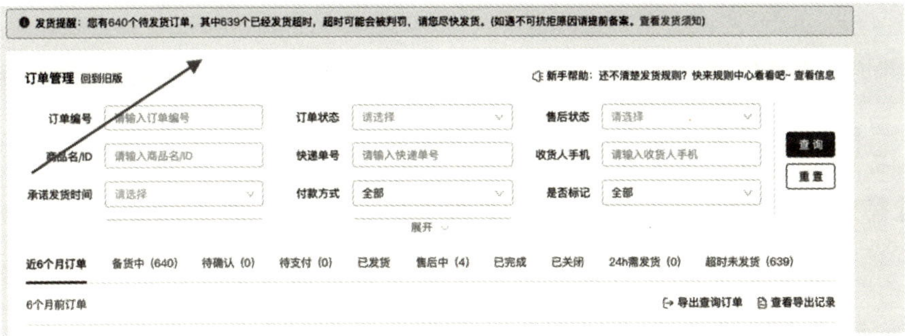

图3-24 发货提醒

其次，确认要发货的订单，处理如下：

（1）货到付款订单。货到付款订单需商家先进行订单确认。点击【待确认】，选择需要确认的订单，点击【确认订单】，订单将进入【备货中】；也可批量勾选需要确认的订单，点击【批量确认】，订单进入【备货中】（见图3-25）。

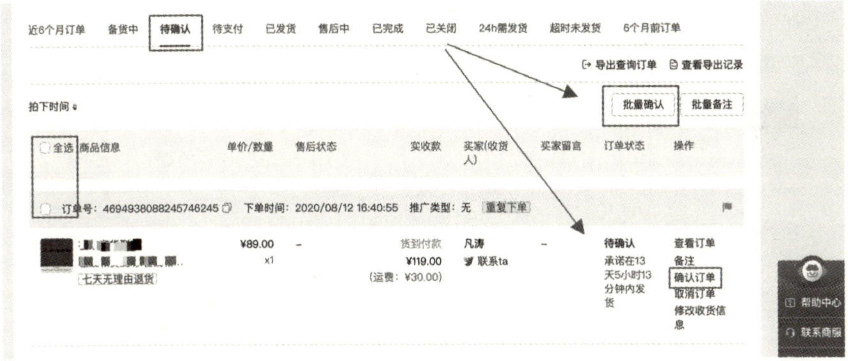

图3-25 确认订单

（2）在线支付订单。对在线支付订单，商家可直接在【备货中】查看到需要发货的订单。

（3）修改收货地址

①商家修改地址：在与用户达成一致的前提下，货到付款订单商家可在【待确认】和【备货中】修改用户收货地址；在线支付订单商家可在【待支付】和【备货中】修改地址，无修改次数限制。

②用户修改地址：货到付款的订单用户可在【待确认】和进入【备货中】6小时内修改地址；在线支付订单用户可在【待支付】和进入【备货中】6小时内修改地址。用户仅可修改一次地址，且修改后运费需保持不变。如用户修改的地区运费高于原订单上的运费，则无法修改成功（见图3-26）。

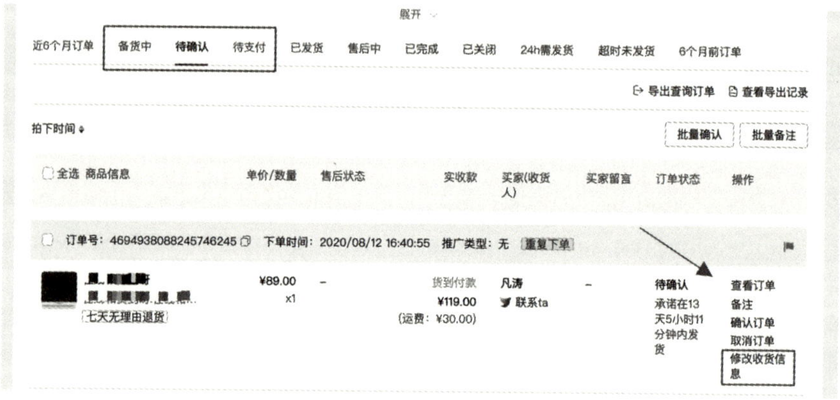

图3-26 订单待确认

（4）查找指定订单。

①点击【展开】，可以通过更多筛选条件进行订单查找（见图3-27）。

②搜索商品名称时，搜索文字会在查询结果中蓝色突出展示（见图3-28）。

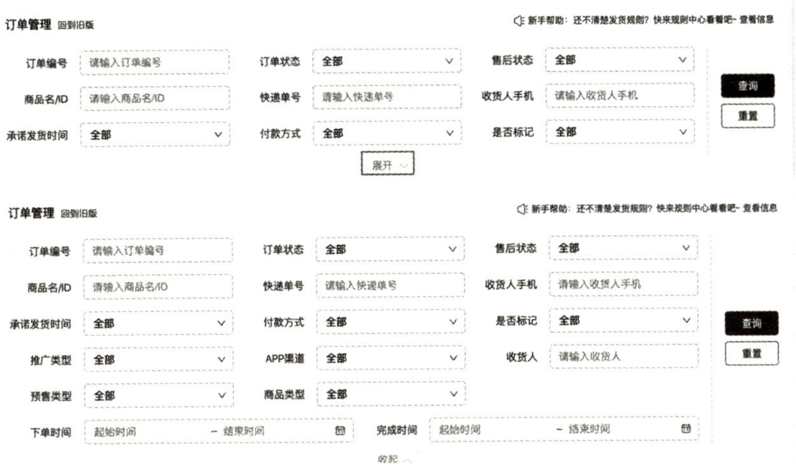

图3-27　订单展开

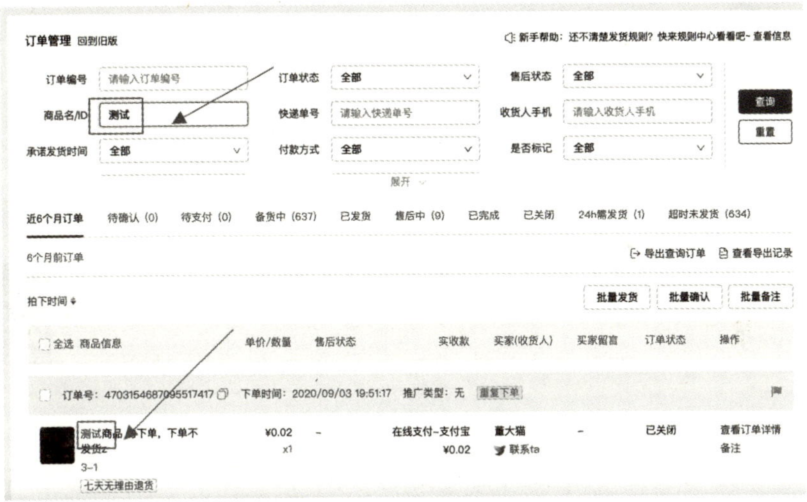

图3-28　搜索商品名称

（5）查看订单详情和快照。如果想要了解更多订单交易信息，点击订单内商品名称，鼠标放在上面后会变成蓝色可点击状态，可查看订单快照（见图3-29、图3-30）。

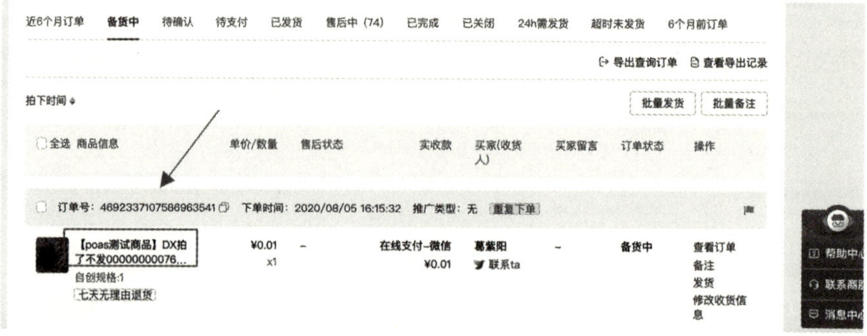

图3-29 查看订单详情

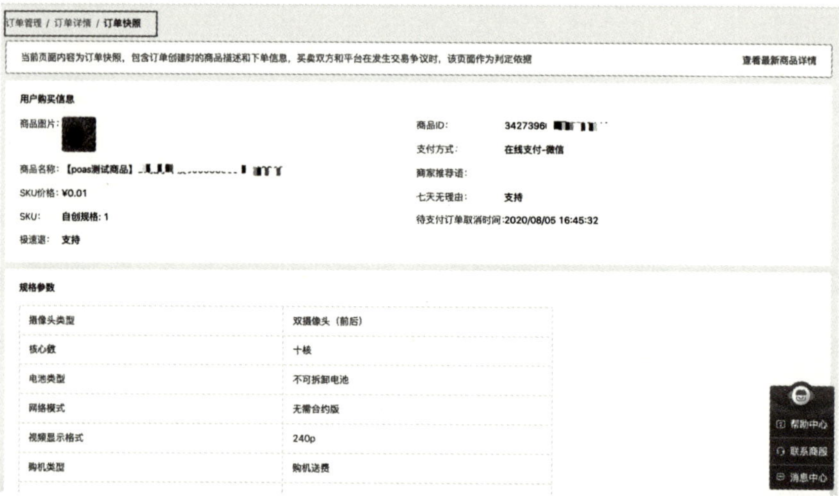

图3-30 查看订单快照

再次，选择要发货的订单进行发货，具体操作为：

进入【备货中】，选择需要发货的订单，点击【发货】，进入发货页面匹配对应物流单号，完成后订单将进入【已发货】；也可批量勾选需要发货的订单，点击【批量发货】，进入发货页面匹配对应物流单号，完成后订单进入【已发货】，具体操作（见图3-31）。

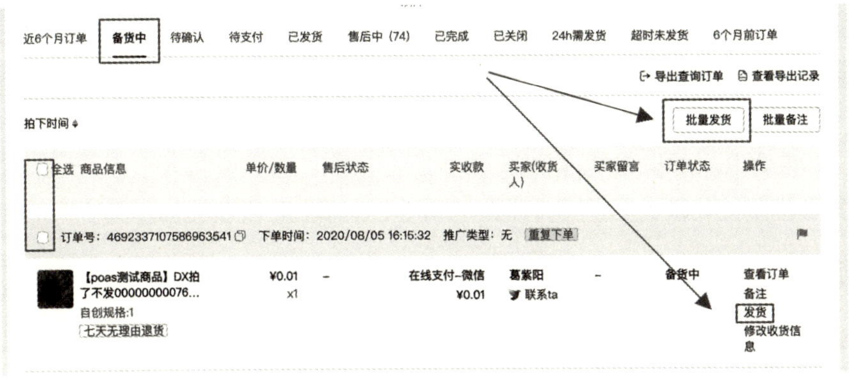

图3–31 发货操作

平台目前共有以下四种发货方式。

（1）电子面单发货。当商家已经拥有和物流服务商生成的月结账号时，可勾选进入发货页面。通过添加对应物流服务商，免费开通电子面单发货服务，自动获取运单号匹配对应订单，完成面单打印和发货（见图3–32）。电子面单作为商家发货的免费提效工具，不但可以提升发货效率，还能减少虚假发货判罚。

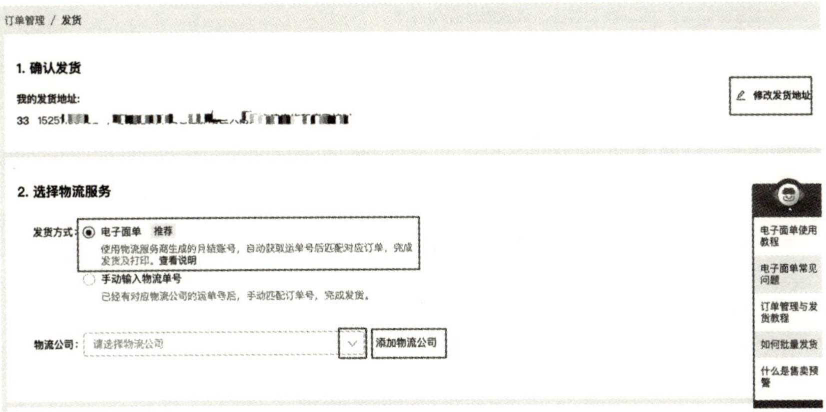

图3–32 电子面单发货

（2）手动发货。当商家已经从物流公司获取过物流单号且订单量较小时，可勾选进入发货页面，手动输入对应的物流单号，完成发货。

①添加要使用的物流服务商。点击【添加物流公司】，进入页面后点击需要添加的物流公司即可（见图3-33、图3-34），最多可添加20个常用的物流公司。

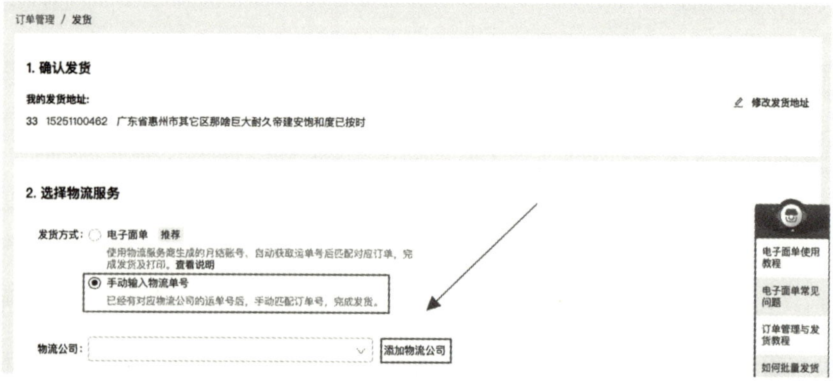

图3-33　添加物流公司（一）

图3-34　添加物流公司（二）

②根据需求，选择对应的物流公司，填写快递单号，点击【发货】完

成发货流程（见图3-35）。

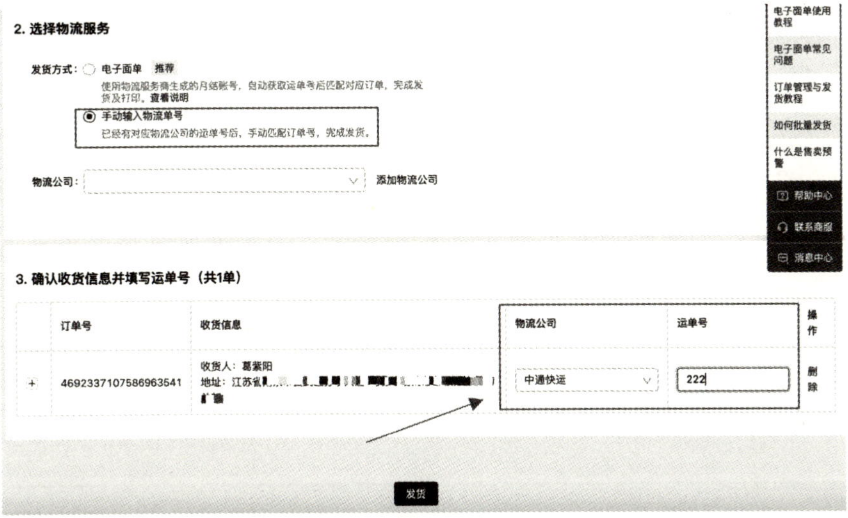

图3-35 填写快递单号

③当订单量大于两个且对应物流公司为同一物流公司时，可在图中统一选择物流公司（见图3-36）。

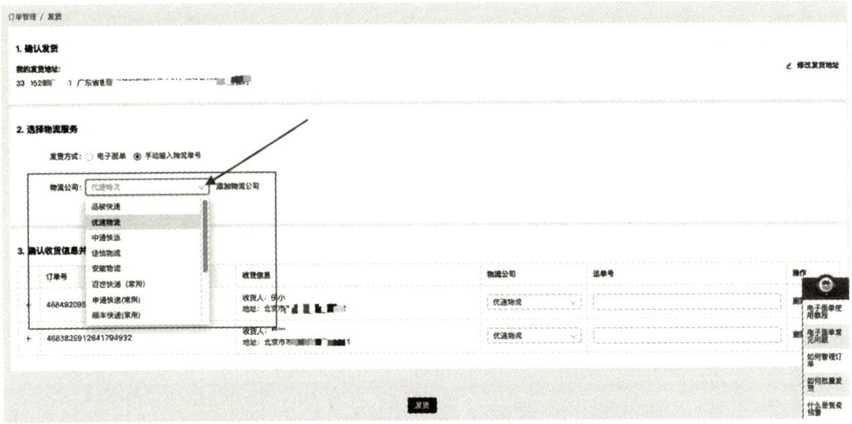

图3-36 统一选择物流公司

④点击修改发货地址，可调整发货地址（见图3–37）。

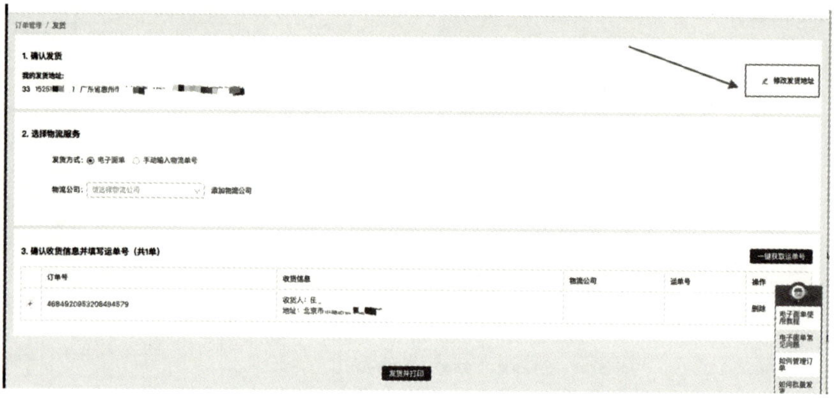

图3–37　调整物流公司

（3）CSV批量发货。当商家已经从物流公司获取过物流单号且订单量较大时，可在【订单】–【批量发货】模块下载发货模版，通过上传文件进行批量发货操作。

（4）ERP发货。通过ERP发货的商家，可以联系ERP厂商来了解对应的发货流程。如主播想了解已接入抖音小店的ERP厂商，可以查看抖店服务市场中的电商ERP页面。

如果要取消用户订单，则在商家与用户协商达成一致后，对货到付款的订单，可在订单【待确认】和【备货中】状态下，点击【取消订单】，选择取消原因，填写相关备注信息后将订单取消；对在线支付的订单，商家不可主动取消（见图3–38）。

特殊说明：确认取消订单后，取消原因将以短信形式通知到买家，请确保已和买家协商一致，否则将面临投诉和赔偿（见图3–39）。

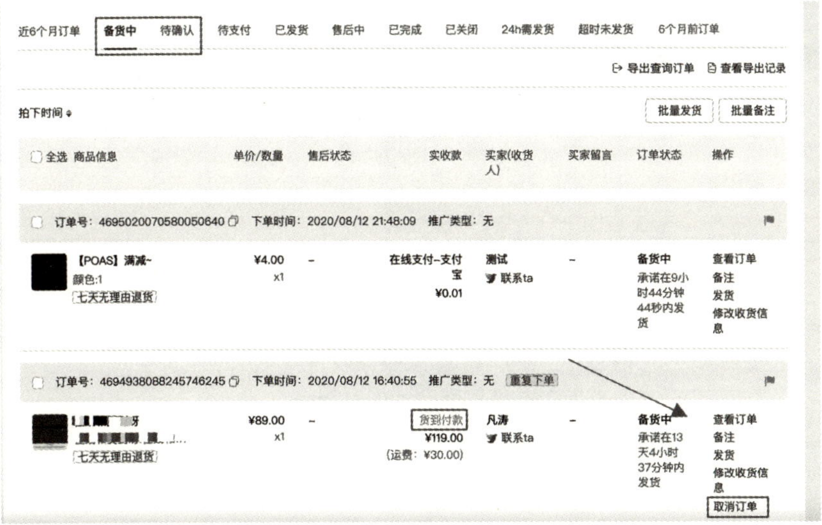

图3-38 取消货到付款订单

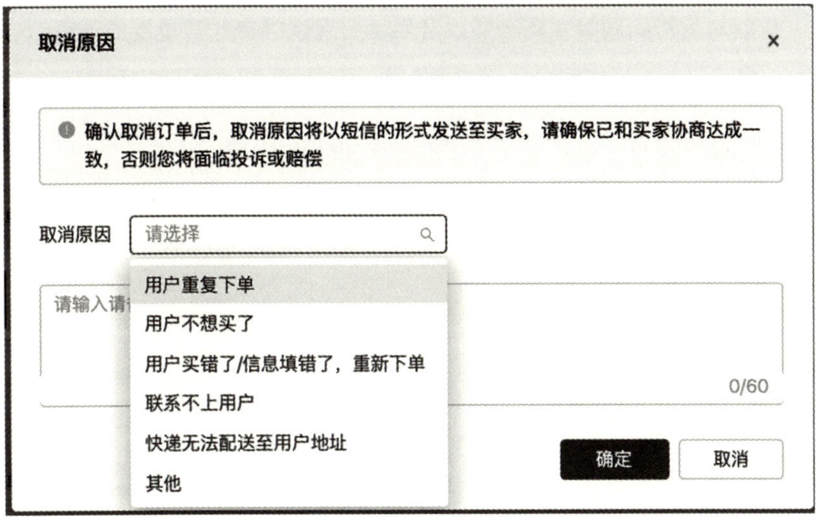

图3-39 选择取消原因

用户短信提醒示例（见图3-40）：

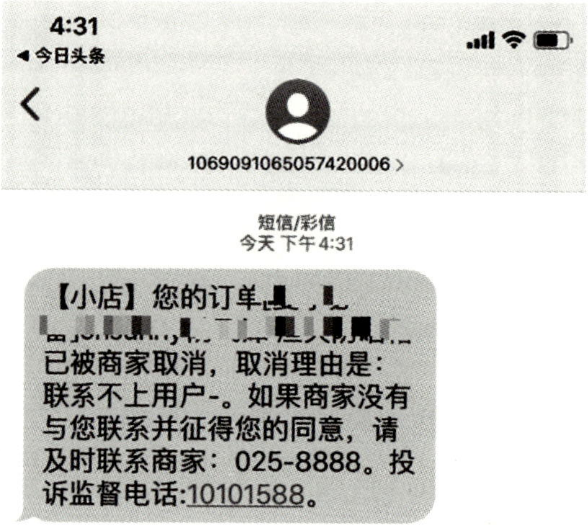

图3-40 短信提醒

售后与发货问题是主播带货以及后续变现过程中非常重要的节点 ，是不容忽视的，也是做好直播电商的重中之重。主播应与供应链团队很好地配合与沟通，尽最大努力解决好售后服务的问题。

第四章

【场】为什么选择抖音直播

一切媒介是人的延伸。一切媒介都

要重新塑造它们所触及的一切生活形态。

——马歇尔·麦克卢汉

4.1 我眼中的抖音直播与未来

4.1.1 为什么要玩抖音

身处互联网大时代，短视频早已席卷中国各大城市。很多人会问，现在开始做导演还来得及吗？我觉得来得及。我喜欢讲这样一句话，只要不死一切都来得及。

抖音是一个刚兴起的平台，抖音直播电商才萌芽。同时，抖音2021年准备上市，这个公司有8亿多用户，这么大一个平台不可能轻易停止运营。我个人对抖音的判断是：至少未来30年是一个超级公司。所以玩抖音来得及。

为什么要玩？因为玩抖音是成本最低的赚钱模式，不需要资金投入，只要拿个手机拍点东西，可能就有粉丝了，有粉丝就可以带货了。它比开店开公司要便捷得多，它是一个轻成本的平台，非常轻，轻到不需要花多少钱，买个手机就可以了，不需要租门面房，不需要开公司。

做生意、做买卖的人都喜欢到人多的地方去，对吧？这是常识。现在你开一家线下店，你会惊讶，人都哪去了？中国有14亿人，满大街都是人，为什么不去你家店？满世界都是人，为什么都不到你身边来？

我个人认为，人都在互联网上，只要他有业余时间，只要他闲的时候，他就会打开手机看看快手、刷刷抖音，看看西瓜、刷刷火山，看看微博、刷刷微信等。每天有将近10亿人在互联网上，那人不在你店里，就在互联网上，只有这两条路。

传统店铺，最悲哀的莫过于不知道中国那么多人都去哪儿了，对吧？答案是：都在互联网上，在抖音上。人在哪里，流量就在哪里；流量在哪里，财富就在哪里，这是很简单的事情。所有做生意的人都想选一个旺铺，旺铺旺的是人，而不是财。所以开饭店的都想把饭店开到人多的地方。抖音有多少人呢？抖音注册用户8亿多。每一天在抖音上玩的有多少人？有4.2亿人到4.5亿人。每一天发抖音的有多少人呢？大概有2 000万人。每天在抖音直播带货的有多少人？大概有1 000万人。每天在抖音里买东西的有多少人？大概有2亿人。

这么大一个市场，你不参与的话，就会错过一个机会，乃至错过一个时代。这个时代造就了这么一批玩抖音的人，赚钱往往要去人多的地方，人一旦扎堆了，你就知道怎么去赚钱了。

我是第一个研究抖音商业化的人，抖音带货等各种玩法，我都参与。如果抖音的用户总量、流量总数、带货的人以及买东西的人都是一个确定数，那么想加入就要考虑我玩行不行，我在这里玩能不能赚到钱，我能吸引多少粉丝，我能卖掉多少货。但是抖音的用户总量持续增长，所以玩抖音的商业潜力巨大。

可能有人会有疑问，是不是有人玩不了？有些人注定就跟抖音无关？这些问题会让很多人纠结。别人能玩，我玩不了怎么办？我给你一个准确的答案，只要你是人类，都可以玩。

那么，为什么会有人活不了呢？原因无非以下三种：

第一种，觉得自己没口才，没颜值，因此不自信。

第二种，有一颗玻璃心，老担心别人怎么看，万一火了怎么办，家里亲戚看到了怎么说，粉丝们怎么骂我，等等。这种玻璃心，在互联网上是一大障碍。

第三种，想秀口才，想自恋，每天都爱说我行、我好看、我牛、我有本事。

“三支花”——三个农村老年妇女，拥有600多万粉丝；“炮手张大爷”——70多岁的大爷，拥有300万粉丝。这说明抖音这个平台可以施展的空间还是挺大的，只要不拘泥于以上三种情况，想做好抖音直播带货并不是难事。

4.1.2 我是如何玩抖音的

我是如何玩抖音的？我为什么会有1 000多万粉丝？我做对了哪些事？一是分享喜闻乐见的东西。我在抖音做得最多的事是研究网民想要的东西，而不是我想要的东西。我想表达的恰恰不是我在抖音里表达的，就是说我该说的没说，我不该说的我都说了。什么意思呢？粉丝喜欢的我就说两句，粉丝不喜欢的我就不说。至于我自己喜不喜欢，这个不重要！二是懂得分享生活美学。生活中有哪些窍门，我有哪些思考，我的人生状态，我都毫无保留地分享出来。三是表达人生态度。我将我的立场，我的态度，我的观点，我的个性，都尽情表达出来。不管对不对，先说出来再说。

在抖音上不要追求成为一个完美的人。没有口才，就不要玩口才；没有颜值，就不要玩颜值；年龄不占优势，那就避谈年龄。总之，不要自我矮化。我只表达个性，只表达我的生活方式。我丑我就说我丑，我没口才我就说我没口才。没口才，我就不说话，我就唱；我不会唱，我就跳；如果你非要刁难自己，没有口才，非要逼自己有口才；长得很丑，非要逼自己长帅……那就无路可走了。

4.1.3 如果不把握直播带货的趋势和风口，我们的未来会怎样

抖音现在可以直接介入的第三方平台，有京东、淘宝、天猫、考拉、苏宁、唯品会、小米，而且抖音好物榜的推出，其目的就是鼓励用户在抖

音上卖货。

抖音官方2020年给自己定的任务是2 000亿元销售额，在这样的背景下，直播带货开始在抖音上火热兴起，抖音也逐渐提供流量扶植这些电商账号，抖音自己也开始电商化了。抖音一旦电商化，流量就不会给京东、淘宝等其他平台，而且从内容展示到商品浏览，到交易转化，再到交易完成，所有环节都可以在抖音上独立操作，不需要跳转第三方，这就是抖音的电商趋势。

但是抖音目前没有支付宝和微信支付功能，所以不能独立完成支付。一旦抖音有了支付功能，它绝对不会再把流量分给其他平台了。闭环生态系统形成后，抖音就具有非常强大的侵略性，并能迅速构成自己巨大的电商平台。

许多平台都不生产流量，但抖音生产流量，如果这样的风口你不把握，这样的趋势你不紧跟，等抖音以后限流了你再开始玩，就可能来不及了。

我觉得在抖音要做伏兵，做增长曲线，日后定能出奇制胜。万一抖音哪一天不给第三方平台流量，至少你自己有账号，有粉丝。另外，我认为抖音可能是人类最后一个人与人竞争的平台，以后人不再与人竞争，而是与机器人竞争，与人工智能竞争，与大数据竞争。把抖音玩好了，还能适应新时代。抖音玩不好，未来的人工智能时代，你可能都适应不了，而且人工智能时代很快就要到来了。

科技的速度以及手机迭代速度很快，甚至很吓人。埃隆·马斯克称可以在人的后脑勺上装芯片。他还研究卫星的Wi-Fi，将来人们家中不再需要

Wi-Fi，因为Wi-Fi在天空中。5G、6G手机正要推向市场，4K、8K等高清视频也正在研发中。虚拟主播、人工智能主播、机器人主播会涌现出来。10年以后，创业者都会是科学家，不是科学家，连创业的机会都没有，因为那个时候大家拼的是云数据、云计算、人工智能。

所以，希望大家顺应时代，与时俱进地使用工具。使用什么工具？使用手机这个工具。很多人拿手机在赚钱，但更多的人在烧钱，例如，拿手机玩游戏，拿手机给主播打赏，拿手机买东西，却从来不知道拿手机养家糊口。

2021年，希望大家整装出发，再战江湖。

4.2 抖音平台直播带货的常规禁忌

因为二维码的四个角未被遮挡，封禁一场直播，到底是谁的错？

万物互联时代，各大直播平台的竞争不可避免。虽说每个直播平台都有自己独立的规则，但是在中国的大环境之下，每个平台的基本规则逻辑是相通的。

4.2.1 不要出现竞品平台信息

抖音、快手、淘宝、腾讯等一系列直播平台之间都是竞争关系。无论你在哪个平台做直播，都不要出现任何与之有竞争关系的平台信息。这些平台信息包括字、语言以及其他引流信息。

下面讲一个我们服装分公司的真实案例。一位主播做服装直播，背景墙的幕布上面有其他平台的二维码，虽然直播前已经用纸将二维码遮挡住，但仍露出四个角，导致开播几分钟后，直播间就被封禁24小时。如果露出的四个角仍可识别，就有站外引流的嫌疑。一场封禁，有可能损失十几万收入，甚至几十万收入，这是得不偿失的。

同时，在直播时，不能把某个平台社交账号的字母、数字念出来。当然，更不能以任何方式将它写出来。在抖音平台直播，就在抖音平台进行交易。若是在抖音平台直播，在抖音平台外交易，就超出了抖音官方监管范围，而且用户的消费权益在抖音平台得不到保障。

其实这也很好理解，消费者是通过看抖音直播而进行的交易，若出现问题，肯定找抖音官方申诉。如果交易出现在其他平台，或者私下进行，一旦商品出现瑕疵，消费者的权益自然就无法保障。

所以，竞品平台的相关内容绝对不要出现。

4.2.2 不要出现引流站外信息

在抖音平台直播，如果你说你可以关注我的微博号、小红书号等，这就算引流站外信息。直播间进行抽奖，如果你说幸运观众加我直播间小助理微信，类似的话术一旦被平台识别，你的直播会被当场封禁。

直播监管有时是系统自动进行的，有时是巡查员进行的，就好比公路上的测速摄像头和交警一样。巡查员会随机地跳转到每一个直播间，看主播的价值观以及行为是不是符合平台规范。

有时，主播可能会耍一些小聪明，使一些小花招，想要透露信息，把直播间的粉丝引流到站外。但凡主播有这样的行为，肯定是会被发现的，直播间被封也是必然的，那样主播的损失也就比较大。

所以，我建议大家做直播就老老实实做直播，别想着引流站外。若想引流站外，可以开通抖音小店。在主播的抖音小店，客户买完东西会留下电话和地址，这时候主播的客服可以加他的微信；或者像淘宝平台商家一样，发产品时附加一张福利卡片，扫码好评返现。通过这些方式引导粉丝加微信是可以的，但是在直播间引导粉丝加微信，是绝对不可以的。

4.2.3 禁止抽烟、喝酒

抽烟、喝酒在直播间是绝对禁止的行为。

如果直播间的直播屏幕上有烟雾，就会被当场警告，强制断播，轻者十几分钟，严重者甚至会被封号。即使只是类似抽烟的行为，也不要在直播间出现。例如，直播时为了耍酷，嘴上叼一根烟或其他替代品，或者两个手指做出夹烟的动作，或者两个手指间夹着一支笔，种种类似的行为，都有可能被系统判定为抽烟。

主播可以在直播间进行酒产品的介绍，但是不能在直播间拿着有酒标志的产品喝。有些人就想，我把酒倒在透明的水杯里喝，这样系统就无法识别。这样系统当然无法识别，但是主播喝完之后，脸色会出现明显变化，一旦被巡查员看到，就有可能被永久封号。所以平台的漏洞不要去钻。

切记抽烟喝酒等类似行为，不要出现在直播间。

4.2.4 避免讲时事政治

国内外时事政治方面的话题都不要在直播间乱讲，也不要随意评论社会新闻。对于时事政治内容，平台审核特别严格。

4.2.5 平台官方规则

每个平台都会公布自己的官方规则，即官方操作规范。

主播去任意一个平台直播之前，一定要熟读平台的官方操作规范。

什么是平台的官方操作规范？简单来说，它类似于酒店里的菜谱，明码标价。你在我的店里，就是这个价。所以，抖音平台规定了哪些事情是坚决不允许做的。

当然每一个平台除了对一些行为明令禁止外，还有一些潜规则。我们之前讲的针对竞品平台的一些规则，是绝对不会在官方发布消息的地方写出来的。

4.3 直播间的禁播类目解析

4.3.1 不能讲与医美类产品有关的内容

如果主播在直播间里，讲自己整容的经历，或者哪怕只是讲了割双眼皮的经历，都会直接被封号。在抖音平台，这些内容是绝对不允许拿出来分享的。对于这类话题，淘宝平台有一定的灰度测试。但是在抖音平台，一触就封。禁播短则几个月、一两年，甚至长达十年之久。

所以在抖音平台，与医美类产品有关的内容都不允许播出。

4.3.2 不能推销保健品

直播间里严禁推销的保健品指的是粉末状和药丸状的保健品。我们可以推销的保健品有哪些？食物型的保健品是可以播的，比如，可以在水里面直接冲泡的“胖大海”之类的，还包括西洋参、人参、铁皮石斛等。但是，那种有化学成分添加的，粉末状或者药丸类的保健品，是不允许在直播间推销的。禁止的类目还包括功能性的保健品。

4.3.3　未经授权的大品牌不能直播

为什么未经授权的大品牌不能上直播？如果主播卖的是一个小品牌，且未经授权，平台可能不会关心。但是大品牌就不一样了，因为大品牌的法务特别厉害，如果主播售卖未经授权的大品牌产品，万一被大品牌的法务盯上了，他们就会去找平台的麻烦。所以平台对大品牌的限制会比较严格。

4.3.4　不能讲算命之类的内容

算命和星座的内容是不允许在直播间出现的。只要直播间的内容涉及算命、看风水、看气运之内，直播间就会被封号。看清楚，这里说的是封号，不是禁播。

当然，如果我们在直播间里讲一些关于星座的知识，讲周易八卦的知识，是完全没有问题的。知识可以分享，但是绝对不能拿知识帮别人算命，一有帮别人算命的行为就会被封号。

还有直播卖珠宝、项链等产品类目，要特别注意。产品可以卖，但不能说它们与运势相挂钩，不能讲戴了有多吉祥之类的话语。所谓言多必失，点到即可。

为了安全起见，建议直播间不要出现类似的话题，虽然大部分主播都能把控边界，但是难免有时会被粉丝带偏。

4.3.5 内衣和泳衣不要直播展示

有关内衣和泳衣的内容，不是不能播，主播可以挂链接，可以在模特上展示，但是真人试穿是绝对禁止的，因为可能会涉及衣着暴露。内衣、泳衣等在其他直播平台，可能还允许售卖，但是在抖音平台，服装要求要严格一些。

4.3.6 隐私类产品不能播

什么是隐私类产品？凡是跟窥探个人隐私有关联的产品，都是隐私类产品。如U盘、光盘、针孔摄像头、随身携带的录音笔等，这些产品在抖音平台里都是不允许直播推销的。

4.3.7 虚拟类产品不能播

虚拟类产品以及一些服务，在抖音平台上也是不允许推销的。像游戏卡、游戏币以及各大平台的会员，在抖音平台禁止推销。

综上，主播选择销售类目时，要先去看看平台的官方规范了解哪些类目是被明令禁止不可销售的，以免造成不必要的损失。

4.4 直播过程中的注意事项

4.4.1 直播中主播注意事项

第一：语言规范。

（1）避免使用区域方言直播。直播时，尽量使用普通话，避免使用口音过重的地方性语言。主播如果不会说普通话，可以一个字一个字地清晰表述，要确保粉丝能听懂。普通话中带点乡音，在直播中也是常见的。地域性的口音，对于直播间跟你来自同一地域的粉丝来讲，会有一种莫名的亲切感。但是，不建议用地方语言做直播，如闽南语、粤语等，虽然用这些语言唱的歌特别好听，但是用来做直播会让很多人根本听不懂，这样会影响直播效果。

（2）避免使用绝对、第一、世界级等词汇。为什么在直播时不能使用这些词？一是因为这些词有虚假宣传的嫌疑，并且这些词在短视频拍摄制作中时也是不允许出现的。二是使用这些词很容易与功效相关联，有可能导致封禁。

（3）避免使用极端的直播方式。有的主播为了吸引粉丝，故意做些古灵精怪的动作，或者男扮女装，用另类的风格去销售产品，有的主播介绍产品全程采用咆哮式的风格，总之，主播为了增加销量，不惜采用各种方式。然而，这样的直播间一定会被列入低俗档次，失去人心。切记，电商直播间的主播是一个带货主播，不是娱乐主播，直播的重点是：卖产品，介绍产品。

（4）不要互怼、互骂。在抖音平台，互怼、互骂是不被允许的，对这方面的要求，抖音一直都是非常严格的，它的宣传语是“记录美好生活”。除此之外，一些低俗的调戏用语、恶俗的话语等，在直播间也是不允许出现的。

第二，主播行为规范。

（1）注重你的姿态。姿态，在中国几千年的文明史中，是一直被着重强调，甚至是过分关注的事项。很多理念，在国人心目中根深蒂固，比如，男人要有男人的体态，女人要有女人的姿态，主播不能逾越基本的边界。如果主播直播时跷着腿，或者坐着直播时把一只脚放在座椅上，这样的动作十分不雅，一旦被巡查员看见，就会实施禁播的处罚。

（2）避免单人使用多个不同的账号同步直播。因为多账号直播会影响主播与粉丝互动，而且可能播出内容会不同步，使直播效果大打折扣。

（3）服装主播行为准则。

①服装类主播若是身上有纹身的话，一定要注意遮挡，手臂可以套上护手臂的冰丝套，女士可以穿深色丝袜遮挡腿部。

②女士要防止走光。一是女装主播在体验产品的过程中，一定要注意动作是否合理，是否雅观。在换装的过程中，主播一定要离开镜头。虽说一些老练的女主播会在里面穿一个背心，但是我建议主播换装还是离开镜头，由助播上去顶一下，因为一不小心就会违规。在镜头前换装是直播中最

忌讳的。二是换装过程中主播会在镜头前暴露身体的一部分，即使换装很快，也有可能会被禁封两三天。若是一场直播能创收三四十万元，三天下来亏损就近百万元。并且，这场直播的封禁，还会打乱你后续的直播规划。

③不要穿镂空、透视服装。这种服装出现在直播间，是极有可能会违规的，特别是透视装。这里着重强调的是类似肤色的透视装，这种服装穿在身上，系统极易识别成肌肤裸露，直播间可能面临封号的危险。

④镜头聚焦。镜头聚焦不当可能是所有主播最容易忽视的现象。在直播前一定要将镜头进行对焦，否则在直播过程中会出现违规警告。特别是女主播在直播时，如果手机长时间自动对焦在主播的胸部位置或者其余敏感部位，系统会提出警告，甚至会中断直播。

（4）主播离场时，不要出现空镜头。一场直播的时间通常为两三个小时，主播如果要休息一下，这时候助播就要上去顶一下，说明为何是我在镜头前，为何主播不在场，这样可以有效地避免一些刚进来的用户或粉丝产生误解；其次，镜头前一直有人，也不会让刚进直播间的人以为是空镜而离开。

主播在镜头前介绍产品，助播则可以在镜头前发红包和福袋。说不定主播不在镜头前的时候，直播间的气氛反而会更活跃。

（5）禁止抽奖。为什么抖音平台极力制止抽奖行为？之前就有许多主播为了活跃直播间的气氛，承诺在评论区打666、111的可以截图抽奖。其实，抽奖的行为是完全没问题的，关键是许多主播并不兑现奖品，致使消费者权益得不到保护。抖音也没法处理这个问题，所以干脆禁止抽奖行为。

4.4.2 直播中运营注意事项

第一，封面图和标题。我们在直播前都会拍摄一张照片，这张照片就是直播封面图。直播封面图一般都是真人和产品的合照。直播封面图对直播有很大的影响，但很多人并不重视封面图的设计。

现在我们来聊聊直播间用户的结构。每个主播的直播间都是由两大人群组成的——主播的粉丝和不是主播粉丝的用户。

在每次直播时，主播的铁粉或者关注主播的粉丝会直接通过关注页进入直播间。对这部分人来讲，直播封面图设计得好与不好影响不大。但是对于不是主播粉丝的用户来说，直播封面图就会产生极大的影响。这类用户有两大来源：一是直播同城推荐的；二是被投放的广告吸引过来的。对这类用户来讲，直播封面图就是他们对直播间的第一印象。

直播封面图的基本组成元素有：主播和产品；直播目的；直播的活动；开播时间。这些基本组成元素决定着每场直播预告能否成功。

设计直播封面图时有一点需要特别注意：不要出现竞品平台以及其他与本场直播产品无关商家的logo和二维码。

说完直播封面图，再来说说直播标题。对于标题的编写，特别要注意前面提到过的禁止出现竞品平台的信息，就连说“××平台不好”的话语也不能出现。还有那些夸大、虚假宣传的词，也要特别注意，不要出现在标题中，如第一、世界级、国家级、极大、绝对等。标题中一旦涉及这些信息，连审核都过不了。

第二，固定开播时间。开播时间不固定，随意播，对主播是有很大影响的。固定开播时间可以写在个人简介栏内或者背景封面图中。如果是大型直播以及专场活动，直播时间你可以放在昵称后或者拍一条预热视频等告之，关于这方面的内容，将在本书后面章节中细讲，这里不过多赘述。

直播时长以两三个小时为宜，比如固定下午2点到5点这个时间段开播，或者固定晚上8点到12点这个时间段开播。开播时间固定，粉丝也容易记住，这样不仅可以减小与粉丝间的距离，还可以在无形之中增加与粉丝的黏性。

第三，不要与个别粉丝进行长时间的互动。刚才提到的增加粉丝的黏性，这一点尤为重要，所以要单独讲。直播过程中，运营人员或助理要时刻关注主播的状态，在主播与固定的几个粉丝互动的情况下，助理要提醒主播。为了增加直播间的活跃度，与粉丝互动打招呼就行，不要有过多的交流，否则很容易出现主播被粉丝带偏节奏的情况，对整场直播产生不良的影响。

第四，介绍产品的时间要均匀分布。主播直播介绍产品时，应按照直播前的脚本规划来进行。一旦主播超时，运营人员或助理就要提示主播介绍这款产品的时间到了，或在快到截止时间前一两分钟提示主播。不然一款产品介绍时间过长，就会打乱整场直播的进程，影响后续产品介绍。

第五，产品移动时画面要保持稳定。主播在工厂或在某个生产车间进行直播，难免要进行场景的移动，这时直接用手拿着手机，直播画面肯定会抖动，因此，建议使用稳定器。工厂或生产车间的环境比较嘈杂，用户可能无法听清你的表达，所以建议主播带一个收音麦进行收音。

第六，下单时不要使用万能链接。在产品下单环节，特别要注意，禁止使用万能链接。很多人在直播的时候，嫌卖货上链接麻烦，就做一个万能分类链接。例如，1号链接是服装，2号链接是护肤品，3号链接是化妆品。主播卖服装时，就叫拍1号链接；卖护肤品时，就叫拍2号链接；卖化妆品时，就叫拍3号链接。这样下单极容易出现想拍的产品与链接的产品不符的情况，对后续用户维权以及平台的监控是不利的。

第七，创造良好的网络环境。以上所有操作，都必须在良好的网络环境下进行。安装网络建议使用上传网速为10M/s的电信或者联通网络。网络不好，画面出现卡顿，对直播效果有极大的影响。尤其在直播间人气高峰或在下单促销环节，会造成不可避免的损失。直播又要重来一次，对主播的状态也是有影响的。所以，选择良好的网络环境，开播就成功了一半。

4.4.3 直播中的其他注意事项

第一，境外不要直播。首先，境外一般不能开播。其次，即使境外能开播，平台也会在开播几分钟之后让你下播，之后再开播是不可能的了。不过，可以在境外拍摄当地的风土人情，然后上传抖音平台，这是完全没有问题的。但是要境外直播，平台就会有非常严格的限制，包括警告、禁播、封号等。

第二，隐私内容不要直播。例如，不能在直播间里说身份证号码，这种隐私的内容在直播间里面是不允许出现的。还有，银行卡或者其他一些账号，这些都是不允许在直播间里面出现的。

第三，未成年人不能在直播间做童装直播。卖童装的主播千万不要让小孩子在直播间去展示童装。淘宝平台开通直播后，为什么直播平台上不卖童装？因为未成年人在淘宝上卖童装是不被允许的，而一个成年人拿着童装介绍，就会显得特别枯燥，没有丝毫效果。后来渐渐出现了一些身材矮小的成年人模特，由他们穿着童装在直播间展示，再后来就做成了淘宝直播的一个童装类目。但是现在，基本上都允许儿童在有监护人陪同的情况下在直播间里面出镜，但是对于出镜也是有要求的。例如，做休闲类的直播时，抱着孩子在直播间里面聊天是可以的。因为主播卖童装是涉及未成年人的商业行为，所以平台方的限制就会多一些。

所有直播间里出现的内容，包括主播的姿势和言语，都是被检查的范围。所以我们在去做直播的时候，一定要非常注意平台的规则和规范。这是主播直播之前需要了解的，因为如果主播不了解这些内容，很有可能会因为一次非常小的失误铸成大错，甚至导致封号。

第五章

直播前筹划

短视频不是视听的整体，而是生活的碎片。

请忘记整体，抓住片刻。

——杜子建

5.1 如何策划一场成功的直播

演员希望自己所出演的每一场戏都是精彩的，所饰的每一个角色都深入人心；歌者希望自己所唱的每一首歌都成为经典。同理，主播肯定希望自己的每一场直播都是成功的。本节，将分析一场成功的直播如何策划的问题。一场成功的直播必备的要素有：流量的获取、能力超强的主播、脚本流程合理、话术运用恰到好处、现场互动和氛围营造。

第一，流量的获取。一场完美的、成功的直播离不开人、货、场三个因素。场是主播的直播平台，货是主播的上架商品。那么，人呢？不可能要求主播像商场导购员那样吼吧。在商城吆喝，路人极有可能成为你的顾客，效果事半功倍，而线上直播采取这样的方式只会事倍功半。那么直播间的顾客怎么来呢，流量该如何获取呢？下面是直播间流量获取常用的四种方法：

（1）个人信息预热。个人信息预热，就是在主播的昵称、主播的签名处留下自己下次直播的时间。比如：衣哥，他的昵称就是“衣哥（今天下午两点马克华菲送200电动车）”；乘风破浪毛毛姐，她的昵称是“乘风破浪毛毛姐29号一点雅鹿羽绒服专场”；AC•BOUTIQUE精致生活，她的个性签名中就有一栏是直播时间9：00—12：00、14：00—17：00。

（2）短视频预热。短视频预热，主要是引导刷到主播视频的用户进入直播间。想要该用户进入直播间，那么主播的视频内容就要拍出能吸引用户的地方。比如：×××性价比超高产品，低价福利；今天在×××集团总部直播把价格打下来，直播间豪车相送等。

（3）直播间预热设置。

①标题。标题要简明扼要，要引导用户点击视频，点击头像，进入直播间。标题字数一般在10个字左右，阐明本场直播的独特卖点，以吸引用户眼球。

②封面图。直播的封面图，建议采用1：1制作。我们试过很多种形式，只有1：1的封面图看起来最舒适。刷到视频，吸引粉丝点开直播间的肯定是封面图，其次才是标题和内容。封面图如何制作？假如本场直播销售女装，那就拍女主播和服装的照片，制作封面图；假如本场直播销售美妆产品，可以参照李佳琦的封面进行拍摄；假如本场直播销售三农产品，主播就拍自己吃或拿着农产品的照片，并以农产品为背景墙进行拍摄制作。做直播，若不知道封面怎么拍，可以去借鉴与本场直播卖同样品类的大主播的封面包装。

（4）Dou+、feed流投放。对播放量高的视频进行Dou+投放，开播前对直播间进行feed流投放。Dou+用来保证把视频加热，feed流用来做直播间引流。

第二，能力超强的主播。主播所要具备的能力，请参照第二章中的主播的职业规范。能力都是在实战中锻炼出来的，始终以主播职业规范要求自己，坚持学习和总结，你也可以成为能力超强的主播。

第三，脚本流程合理。带货脚本，对于刚入行或入行不久的主播，是非常有必要精心策划与准备的。入行直播应明白，直播脚本的策划是非常需要耐心的，因为直播是一场马拉松，而不是百米冲刺。

既然直播这么累，为何还要进行脚本的策划?《孙子兵法》有云：知己知彼，百战不殆。若想直播取得阶段性乃至持续性成功，那么便不能打无准备之仗。脚本的策划可以让主播尽快掌握直播流程，基本上一两场直播下来，就能把直播脚本流程化；直播脚本的策划还可以让主播在直播间全程保持稳定，让主播在整场直播中显得游刃有余；直播脚本的策划更能刺激消费者下单，提高本场直播的销售额，因为脚本活动的准备能够直接刺激消费者的购买欲；最重要的是，脚本的策划，能有效避免直播翻车状况。

脚本策划需明确两点：直播进度和主播直播安排。我们以一场中小型直播的流程来进行拆解：

步骤一：直播进度。

用一根时间轴为大家展示。画一条直线，直线上标上节点，从左到右依次是直播间目标销售额拆解、产品、上架商品、开播测试、预热预告、直播流程（见图5-1）。假设本场直播是在某月30号进行：

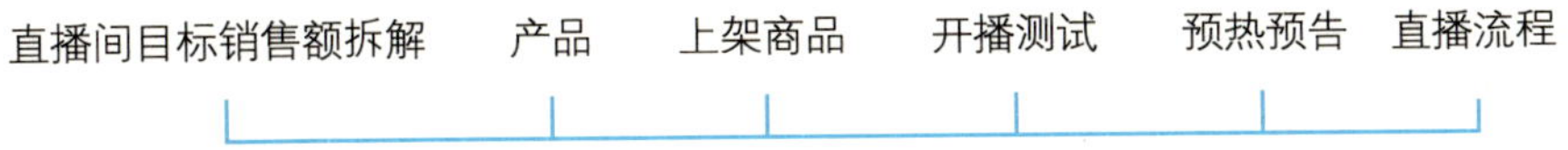

图5-1

（1）直播间目标销售额拆解（28号）。假设本场销售额预估50万元，50万元拆解下来每件单品需卖多少，每套组合套装需卖多少。

（2）产品（28号/29号/30号）。

①确定产品到货日期。假设30号直播，主播的货品是28号、29号，还是30号到场。

②准备好主播要直播的产品——单品或组合套餐，并且确定直播间的展示方式。

③确定产品的直播顺序、产品的上架顺序和产品上架的时间。

④准备好同价的替代产品。

（3）上架商品（29号）。对产品进行PC上架测试。

（4）开播测试（29号）。提前打开手机进行直播测试。测试直播间的背景、灯光、话筒、声卡、网络等。（具体测试内容和设备参考章节5.2）

（5）预热预告（28号）。

①个人信息预告：昵称和个人简介展示。

②短视频预热：每天发布一两条短视频，告知直播时间，直播专场。

③花絮引流（30号）：直播过程中发布花絮视频。

（6）直播流程（30号）。

①开播前2小时发布短视频进行直播间预热。

②设计直播间封面和标题，要有引导性作用。

③直播货品上架顺序和上架节奏（引流款、利润款、战略款）。

a. 引流款：开播先上架引流款，引流款的上架时间是10分钟。上架引流款主要是为了促进与粉丝的互动，营造直播间的热烈氛围。引流款每个小时都要上架，根据直播间情况决定1小时内上架1款还是2款。

b. 利润款：利润款一般都放在引流款之后，上架时间为10—15分钟。上架引流款时，直播间已被激活。直播间活跃了，人气上来了，就可以推出利润款以获得盈利。

c. 战略款：战略款一般放在前面两款之后，上架时间一般在20分钟左右。全场直播赚钱的两款产品就是利润款和战略款。利润款价格不高，用户比较容易接受，但是战略款就不一样。所以，主播要把战略款的产品进行全面讲解。

④直播间活动：

a. 商品比价：主播可以把正在讲解的产品与淘宝、京东等各大平台的相同产品进行价格对比。注意，不要进行竞品比价。比如keep瑜伽产品，它的单价是其余品牌单价的一两倍，若与其余品牌对比，能卖出去吗？

b. 限时限量秒杀：限时10秒钟，10秒之后产品下架；限量100个，抢完就没啦。

c. 粉丝福利产品：粉丝福利产品只有进入粉丝团的粉丝才能抢购，所以没加入粉丝团的小伙伴，赶紧加入吧。送粉丝福利是用来活跃气氛的。

⑤直播间花絮引流。直播过程中，注意不要影响主播直播，也不要把直播手机和其他工作人员拍摄进去。

⑥整理数据、截图。整理数据：整理直播每款产品的数据，以便进行复盘。截图：粉丝抽奖福利产品赠送截图整理，直播结束把中奖名单进行全平台公布，助理快递包装福利奖品时，也要拍照、拍视频发布，以便让粉丝知道主播是真的送奖品了，而不是忽悠大家。

⑦dou+、feed流投放。发布的花絮和预热视频，播放量比其他视频稍高的，可以进行dou+投放。feed流投放根据主播自己账号的情况而定，一般在开播时进行投放。

步骤二：主播直播安排。

以120分钟左右的直播为例，晚8点开始直播。

20:00—20:10　由主播进行开场互动，直播抽奖送福利。

20:10—20:20　由主播进行引流款产品售卖。

20:20—21:00　由主播+助播进行利润款的讲解（可以是单品，也可以是套餐组合）。

21:00—21:10　由主播进行引流款的推送。

21:10—21:30　由主播+助播进行利润款讲解。

21:30—22:00　由主播+助播进行战略款讲解。

22:00—22:10　由主播推送引流款或者抽奖福利，预告下次直播。

这是直播间一个初步的搭配，主播可根据自己产品的情况合宜搭配。赚钱的产品是利润款和战略款，销售主力军肯定是利润款，因为利润款价格不高不低观众能接受，所以两个小时的时间分配以利润款为主。战略款的价格就不是一般观众可以接受的，所以其销售量肯定很少，但是能卖出一款，就能赚不少，单价越高赚取的利润也就越大。引流款不赚钱，直接赠送，它的作用就是活跃直播间氛围。在推送每款产品的间隙可以根据直播间情况加入抽奖环节。120分钟左右的大致流程及框架出来了，其中还可以随意加入小细节，这些小细节有时还能起到画龙点睛的作用。这就好似杯子、石头、沙子和水的实验一样，引流款、利润款和战略款就是杯子中先加入的石头，抽奖、福利赠送就好比后来加入的沙子，杯子想要填满，沙子不可丢，直播想要成功，细节之处便不容忽视。水就是主播，他是整场直播的灵魂。

第四，话术运用恰到好处。垂钓者，以鱼饲为引，钩食为饵。播者，又何尝不是？品宣为引，话术为饵。鱼欲上钩，饵饲不可少；产品欲卖爆，话术不可缺。主播的产品想爆单，话术的重要性不可忽视。什么是话术？话术又为何是决定产品能否爆单的关键？话术是主播关于产品卖点、互动促单、带动氛围的口语表达。它是直播间活跃氛围的关键因素，是观众长驻直播间的关键因素，更是主播成交转化的关键因素。假设你是观众，偶然进入一带货直播间，发现该直播间内主播讲解产品平淡乏味，丝毫没有激情可言；商品挂在那儿，爱买不买。这样的直播间粉丝愿意停留吗？主播连自己的情绪都不能调动，何以调动观众的购买欲？所以，准备适合自己的话术，就显得极为重要。李佳琦一句“OMG”，既能让自己激情满满，又能让粉丝剁手下单。

步骤一：10分钟单品流程话术该如何设计？

把10分钟单品推送时间拆解为2分钟、3分钟、3分钟、2分钟几个时间段：第一个2分钟：引出卖点。比如卖洗面奶，可以说脸上有油的看过来，脸上有痘的看过来，想要护肤的看过来，自己不用可以买来送长辈，控油祛痘可以送同辈亲朋好友，护肤的可以送长辈，等等。卖点就是用户的需求点，这样讲才能一针见血。第一个3分钟：产品展示。此时全方位展示产品，从产品外包装到产品使用效果。例如，“口红一哥”李佳琦直播产品时，首先讲解产品精致的包装，其次讲解产品使用效果，他通常会亲自涂抹示范，让用户粉丝看使用的效果。第二个3分钟：进行互动。主播带动粉丝在直播间评论区留言，活跃直播间氛围。第四个2分钟：促单销售。为了让粉丝加入粉丝团，主播可以说粉丝团的宝宝们可以领优惠券，或者是只有加入粉丝团的宝宝们能下单购买。另外，主播可以发起限时限量秒杀，或者实行满减促销，线下的促销方法线上也可以使用。

步骤二：单品话术案例拆解。

利润款：洗面奶。

定价&活动：卖价99元，实拍后买一发二。

卖点提炼：洁面、控油、美白、价格低。

（1）引出卖点。动作：拍拍桌子。话术：“直播间的宝宝们注意啦，今天我为大家推荐的新品来咯——多功能合一的护肤产品，有没有想要的，大家在评论区扣1。好，大家都想要，我再问下，有没有肤色暗沉、脸上大量出油、长期长痘的宝宝，有吗？如果有，你们真是太幸运啦。今天我推荐的这款产品不仅控油祛痘，还能洁面，你用过好多洗面奶都不行，那是你用过的洗面奶清洁能力差，今天到来的你们肯定是赚到啦。”

（2）产品展示。比如说，“这个新款洗面奶，我让你们看到它的效果”。动作：找一个脸上易出油的工作人员，现场试用该洗面奶，洗面奶只涂抹清洗半边脸，然后进行对比展示，让粉丝看到使用的效果。话术：“看到效果了没有，想要的赶紧在评论区扣1，我看到底有多少宝宝想要！”

（3）促单销售。话术一：“效果大家都看到啦，看到的在直播下方评论区进行互动，然后我告诉大家多少钱。今天我为大家带来宠粉低价回馈，这是我为大家争取的福利，买一送一，买一发二，这是五折啊，想要的赶紧在下方扣1。”话术二：“新产品准备上架，只有300份，我们倒数10秒钟开抢：10—9—8—7。自从拿到这款新产品，我们好多人都在使用，已经离不开它了，想要的宝宝们千万不要错过。6—5—4—3—2—1，开抢啦。抢到的宝宝们评论区扣1走一波。”

这样的产品话术，在各个直播间都是一样的，也是主播必须掌握的。

步骤三：标准话术设计要点。

（1）标准话术表达：专业产品介绍+情绪促单销售+肢体配合。首先，介绍产品应采用自己最舒适的方式，要体现出专业性。其次，主播要把自己的直播间活跃起来，大多数粉丝都愿意待在激情四溢的直播间。最后，介绍产品以及活跃直播间的过程中要搭上肢体的配合，介绍产品顺带使用产品，演示下单购买等操作，不要光是嘴说。通过声调的高低、肢体的配合表达以及提问等方式活跃现场气氛。

（2）选择性互动。直播过程中，选择性回答评论区的提问，知道的回答，不知道的不回答，或者不知道的下播后请教相关专业人士，答案通过私信等告诉粉丝。对于不知道的事情，千万不要贸然回答，一旦出现相关问题，可能会负法律责任。

（3）主播要会表达自己的情绪，制造氛围促单。主播要让粉丝感受到不买就没啦，产品很难抢购。

第五，现场互动。

（1）工作人员配合。直播间工作人员应协助解答粉丝提问，进行发红包、福利等相关操作。产品使用过程中，助播可以展示如何使用，服装模特可以根据主播口语进行示范。

（2）与观众互动。在限量促单前以及促单中，将该产品实时库存在直播间中播报，筛选回答粉丝问题等。

（3）互动玩法集锦。

①提问：主播在直播过程中应多使用问句，促使观众互动和在评论区留言；

②限时秒杀、限量秒杀：一段时间秒杀一款产品，且限量秒杀多少件；

③主播赠品：随机抽奖送产品；

④粉丝专享价格：只有粉丝才有这个价，只有粉丝才能购买；

⑤直播间砍价：现场与供应方砍价，这在直播间非常常见；

⑥截图免单：在促单中随机抽一个粉丝免费领取本款产品；

⑦红包福利：直播间达到多少人气，就发放红包、福利等。

直播间玩法还有很多，这里列出的都是一些基本常见的类型，一场直播可以选择几种玩法搭配使用。

第六，氛围营造。为什么要营造良好的直播间氛围？目的只有一个：促单。直播间有良好的氛围，可以让观众更有参与感，更有体验感，使他们长时间停留在直播间。直播间互动的玩法以及利用人的从众心理，可以促使更多观众下单购买。

（1）主播氛围营造。

①欢迎粉丝：某粉丝进直播间后，对他点名表示欢迎，可以让他在直播间产生优越感与存在感，这是最基本且不耗费任何财力的宠粉；

②关注加粉丝团：直播过程中，多使用关注加入粉丝团等话术，可以引导用户点赞关注你的账号并加入粉丝团。

（2）助理氛围营造。

①加强粉丝关注重点：主播介绍产品时，助理协助主播引导粉丝关注该产品，注意不要抢主播的话；

②回答飘屏问题以及直播间问题：主播忙不过来，助理协助主播回答漏掉的重要提问；

③配合主播掌控直播间氛围：避免主播在直播间尬聊，助理掌控直播间评论区节奏；

④配合主播促单：氛围互动，助理配合主播的玩法使用；

⑤处理黑粉。

一场成功的直播流程：流量获取—脚本策划—话术使用—互动激活—氛围营造—促单。

5.2 直播间的软硬件配置详解

5.2.1 如何快速而又低成本地搭建直播间

我将从直播场地、直播背景、产品展示区、电子介绍板，以及主播走位这五个点，来手把手地教给大家。

第一，场地的选择。一个优秀的直播间，要丰富又有秩序，饱满而不拥挤。要让粉丝感觉到直播间有颜，有趣，有料；既有画面的美感，也要有产品的展示。通常情况下，直播间大小是根据直播产品不同而决定的，从5平方米到20平方米不等：美妆类、饰品、食品类通常5平方米即可（见图5-2）；穿搭类，需要试穿展示，尽量保持在15平方米以上（见图5-3）。另外，一定要选择一个安静的、不容易被外界声音打扰到的场所。如果没有合适的直播场所，可以考虑选用当地的网红直播基地。

图5-2

图5-3

产品种类不同，我们需要的直播空间也是不一样的。如果主播在一个面积比较大的空间去卖护肤品，那无论是产品的试用还是产品的展示都是很困难的。如果主播把镜头拉得离自己特别近，这个直播间的其他地方又相当于被浪费掉了。同理，如果主播在一个面积狭窄的空间里卖服装，为了让粉丝看到上身效果，主播的镜头肯定要和粉丝拉开一定的距离，这个时候空间小的直播间，连主播全身都拍摄不全，又怎么去卖衣服呢？所以，在我们进行直播间布置前，一定要先想好，我要卖什么东西，我的直播间面积需要有多大。要不然，主播辛辛苦苦布置了直播间，最后却用不上，换成谁都会很心塞。

第二，直播背景。通常情况下，布置直播背景时都会选择一个相对应的展架，这样能提高粉丝的信任度，要尽量把直播间售卖的商品陈列出来，让粉丝在直播画面里能经常看到。主播在直播过程中从后面的展架上把商品拿出来，进行产品介绍，也会更有仪式感和场景代入感。而有格调的商品陈列，更能提高其价值，同时还能让直播画面井然有序。

如果没有展架的话，建议大家把自己的直播背景墙做一些基础装饰，比如放一些3D装饰画，或者绿植。这里，有一点大家要特别注意，那就是主播的背景墙不要选择白色，因为白色容易曝光，直播画面美感会受到影响。在选择直播背景墙的时候，颜色要能够凸显主播。背景墙的颜色不要与主播衣服的颜色相同，因为这样做会严重影响画面美感，用户的视线也不容易聚焦在主播身上，无法凸显主播。这么讲可能没有那么直观，我们可以看一下李佳琦的美妆类产品直播间的背景墙（见图5-4）。

图5-4

除了在主播背后设展架外，还可以把产品陈列在主播前面的桌子上，在桌子上准备一个小型陈列架，避免把产品凌乱地放在桌上，主播随手拿放的时候，也不至于使产品掉落或者东倒西歪的；如果我们销售的商品我们自己都不尊重，粉丝就更不当回事儿了。其实大家可以想一下，为什么那些珠宝店、高端手表店等奢侈品店的导购人员都会戴手套呢？因为很正式地收取产品，可以让用户体会到仪式感，感觉到我们很珍爱这些产品。所以我建议主播在直播间展示产品、赠品时都要认真地对待，合理摆放。

其实在展示和销售产品的过程中，有很多基础性、概括性的问题，一般来讲粉丝都会问，这就需要设一个辅助介绍板，在介绍板上标明产品的尺码规格、重量等，避免主播无数次地重复。这样设置既可以协助主播介绍产品，又不会打断主播在介绍产品时的思绪和逻辑，同时电子介绍板还可以把优惠力度写上，不断地给粉丝种草。

如果是直播服饰，那么需要主播自己来试穿展示，这样效果才会更明显，这时我们就要知道主播在什么位置展示距离和光线最佳。直播时主播要避免站得太近或太远，甚至离开画面，所以直播间左右前后站位都要在地上标注。总之，直播走位要遵循“两点一线一区域”的原则，其中，“两点”指的是展示细节的站位和最远距离到定格（POSE）的站位，“一线”就是主播进行动态展示时的行走路线，“一区域”即直播间主播活动的区域。

5.2.2 直播灯光设备的选择和使用

关于直播灯光设备的选择和使用需要注意什么呢？主要是跟大家详细地说一说直播间的灯光设备运用和布置，以及针对不同的直播间该如何调整灯光设备。

说到灯光，先跟大家说说什么是色温。色温是表示光线中包含颜色成分的一个计量单位。我们通常所说的冷光和暖光的区别，就在于色温。那到底什么是冷光呢？什么又是暖光呢？它们到底该怎么运用呢？专业灯具平台给出的冷光和暖光的解释是3 000k以下是冷光，5 000k以上是暖光，这种说法到底对不对呢？是对的，但是说得不够具体，大部分人对于3 000K还是5 000K是没有认知和界定的，更谈不上如何运用了。这里我给大家解释一下，让大家更容易理解冷暖光具体的含义。想必很多人都听过“冰火两重天”吧，其中：冰是水的固体形态，是蓝色，所以是冷光；火是红色的，所以是暖光。偏蓝色的是冷光，偏红色的是暖光，这样说大家就容易记住了。

其实直播间的灯光有很多种，常规的一个直播间完整的灯光设备都有哪些呢？一般来说需要一个主灯、两个补光灯、一个辅助背景灯，有这四个灯光基本上就足够了。下面跟大家具体说一说，这些灯光在直播间的选择使用和注意事项。

第一，直播间以主播为中心的正面灯，也就是主灯，通常选用环型直播灯。这种灯建议选择可以调节亮度的，然后可以根据情况切换冷暖光。正面灯尽量拉高至主播头部30厘米左右，避免主播长期直视灯光，导致眼睛疲劳。灯与主播的垂直距离应保持在50至100厘米之间，太远了会影响亮度，太近了灯光会直射主播面部，容易反光，特别是女性主播，脸上容易出现油光反射，影响美感。主灯承担着主要照明作用，能让直播间整体亮而不是局部亮。

第二，主播两侧的补光灯。补光灯有三种：第一种是落地式的大型直播灯，高度可以调节，最高可以调节到1.8米至2米，甚至更高，一般运用在服装鞋靴类以及其他大型直播间；第二种是台式补光灯，这种补光灯相对落地式要小一些，也可以调节高度，但是一般只在1米以内，通常用在小型直播间，放在直播桌上给主播补光或者给某些商品补光；第三，小型补光灯，即夹在手机上的补光灯，一般运用在主播需要走动的直播间。主播在商场直播的时候，需要拿着手机在多家店铺之间走来走去。为了保证主播脸上的光线充足，没有阴阳脸，所以这种走播建议采用小型补光灯，夹在手机上，让画面更柔和，让主播皮肤更有光泽。

接着就是直播间主播背后的辅助背景灯。通常为了增加直播间的层次感，我们会在主播背后添加一个背景灯，主要是给光到背景墙或者主播背后的展架，有光源，背景会显得更加有层次美感。如果背景墙是白色，建议选择有颜色的背景光源，使得背景墙更加丰富，有格调。如果有展架，辅助背景灯光源以服务展架为主。比如李佳琦的直播间展架就有由下往上的光源，让展架上面的产品展示得更加清楚。所以背景灯建议选择可调节的彩色条灯，便于配合主播实时调节。

前面跟大家说了直播间常规灯光设备的选择和使用方法，其实直播间还有一些不常用的辅助灯光设备，这里也和大家说一下。一是直播间顶部灯光。一般顶部灯与主播的垂直距离为100—200厘米；光源太近容易让主播脸部出现上下阴阳脸，太远又会影响光源亮度效果。二是直播间的两侧灯光。两侧的灯光与主播的夹角分别为45°，起辅助作用，避免主播出现阴阳脸；光源距离根据辅助光源大小进行调节。顶部灯光和两侧灯光一般在服装类大型直播间常用，直播前要到现场做调试和测试。三是直播间的特显灯。如果直播间展示的是玉器、手表之类的产品，需要特别显示，建议选择一台可以挪动的光源灯，方便主播随时调节位置，展示产品，让粉丝看得更加清楚直观。总之，灯具的选择和运用不是越亮越好，而是适度最好，毕竟它们只是辅助工具。

5.2.3　直播间必备的设备

直播时一定会用到手机。直播时一定要使用直播专用手机，为什么呢？因为我们日常使用的手机经常有电话、微信、短信打扰，所以直播一定要用专用手机，避免被打扰。直播用手机在直播期间要保证电源充足，最好同步使用电源充电；室外直播要备好充电宝，保证直播期间不断电。那一般使用什么型号的手机比较好呢？我建议选择苹果手机，也不需要太贵的款式，iphone6P或6S以上机型即可。为什么建议大家选择苹果手机呢，因为苹果手机画面相对比较保真，而安卓系统的手机基本上都给相机设置了滤镜，直播画面多少有些失真，容易出现明显色差。

那么直播时需要几台手机设备呢？这要视情况而定。一般小型直播，只需一台直播手机，一台助理手机即可。但是大型直播间，通常需要配备多部助理手机，因为在线人数多，助理分工各有不同。一是用来帮助回答主播来不及回答的问题，服务于有购买意愿的粉丝。二是用来设置屏蔽词。对恶意诋毁直播间的词语，如“垃圾产品”“骗人的”“会后悔的”等，会严重影响和误导粉丝，助理手机要及时将这些词汇设置成屏蔽敏感词，不让它们出现在公屏上。三是快速顶置污言秽语。有时候很多避讳词汇来不及设置或者没想起来设置屏蔽词，公屏上又出现了，怎么办呢？就需要多部助理手机快速留言互动，把这些恶意中伤主播的词语顶出画面。四是引导粉丝点关注，加粉丝团，强调限时销量特惠。直播助理手机对直播间事项管理也是非常重要的，还可以用来问主播一些提前设置好的问题，引导主播回答问题，说出产品卖点、特点以及优惠条件等相关话题。

直播时需要选择声卡来辅助直播。声卡可以播放音乐，活跃直播间氛围。同时，声卡也可以放大主播说话的声音，不用主播扯着嗓子喊，降低主播的直播难度，提升主播的声音质感。一定要事先调试好直播声卡，避免在直播开始的时候出现没声音、没音乐、回声太大等各种情况，从而严重影响粉丝在直播间的体验。目前声卡有两种选择：一种是有线麦；另一种是无线麦。如果主播固定位置直播，只需一个有线固定位的声卡即可。如果主播需要试穿展示、走位，可以选择长线吊挂麦，这种麦在镜头画面不出现，在头顶上挂着，测试一下具体距离即可。也可以选择一个充电的无线麦，一头插在声卡上，一头夹在领口，接收器挂在腰上。使用无线麦的好处是主播可以任意走动，不影响声音传递。

那在直播时还需要什么辅助设备呢？还需要手机稳定支架。通常直播要保证画面清晰，声音清楚，因而就要用到手机稳定支架。一个简单的手机稳定支架既能解放主播的双手，又能持续固定手机，投入小，效果大。另外，直播网络稳定非常重要，将直接影响直播效果。我们准备得再充分，若网络不稳定，画面总是卡顿，粉丝体验也一定很糟糕，自然也留不住人。所以直播的时候除了使用专用手机，最好也要有专门的网络，至少保证一个Wifi网络下不同时连接太多手机或其他占用网络的设备，保证直播网络顺畅。我们还可以采购专业的物联网卡，供主播单独使用。

还有一些辅助小设备也很实用，它们是提示板、计算器、计时秒表和克重秤。提示板是放在主播的前面，专门用来提醒主播直播流程进度和销售进度的。助理在提示板上写下相关提示，主播好根据提示做相对应调整。计算器用来把优惠的价格更加直观地展示给粉丝，帮粉丝算账，营造粉丝占便宜的效果。计时秒表用来引导粉丝快速下单，营造限时抢购的氛围。克重秤用来对比产品的重量，告知粉丝自己提供了加量不加价的优惠，与其他竞品对比凸显优势。

最后我们来做一个总结。关于直播间的搭建，我们需要从场地选择、背景布置、产品展示以及辅助介绍板展示等方面进行直播前的布置与准备，要了解直播设备的功能和使用方法，要选择适合自己的直播设备。

5.3 直播前预告和预热

预告和预热是整场直播所有环节中最为重要的。不做好预告和预热的话，可能会让主播之前所有的准备都付之东流。预告和预热分别是什么呢？需要注意哪些方面？

5.3.1 预告怎么做

第一，要设定一个稳定的开播时间，这样的话做预告才有意义。直播三天打鱼两天晒网，是非常不利于培养粉丝观看直播习惯的。直播体量大的主播，如李佳琦、薇娅、罗永浩，都有一个稳定的开播时间。只有告诉粉丝一个稳定的开播时间，粉丝才可能定时来看直播。因此，我们要设定好开播时间。

第二，要频次稳定地发布预告。之前我们做淘宝直播的时候，一定会提前几天发预告，形式为每天发布三条微淘，不管是图文的还是视频的，哪怕只是简单的几句话，此外我们还会在朋友圈发图文预告。罗永浩每次做抖音直播，都会在直播前三五天里每天发一条小视频给自己这场直播做引流。所以说我们做直播也要有一个稳定的状态，把直播预告的稳定性看成跟开播一样重要。

第三，开播前要预告，开播的过程中要预告，结束的时候也要预告。主播在开播前的一两天要通过各种渠道，如朋友圈、微信群、微博、微淘等各种渠道帮自己做预告，同时在抖音个人主页、昵称、背景、简介进行直播间预告和预热，引导粉丝实时关注主播直播间。那么开播的过程中要做什么预告呢？开播的过程中可以去给粉丝介绍这一次的活动安排，比如8点开播，9:00、10:00、11:00的时候分别有什么样的活动，今天的直播间会抽多少个奖品，这是主播在开播的过程中要一直不断高频次强调的内容。结束时做什么预告呢？结束时要告诉粉丝，下场直播什么时候开启，以及下场直播会给粉丝准备什么样的好东西，有什么样的福利产品和惊喜带给大家。总之，开播前、开播中和开播结束时都要做好预告内容。

第四，要设计好预告的渠道以及工作量。主播应根据自己拥有的流量渠道、平台去设计做预告的渠道，比如，一个淘宝主播，很可能做预告的渠道只有微信和淘宝这两个渠道，那么就在微信群、朋友圈里面发一些预告；一个抖音主播，做预告的渠道可以是拍抖音视频、开直播，还可以利用直播间贴纸、直播间评论展示、个人主页展示、直播小助手开播提醒去进行开播预告或者在自己的微信朋友圈和微信群里面做预告。这就是渠道的设计。另外，预先的工作量也要设计好。如果一周开一场直播，那么每天要发4条跟这场直播相关的短视频，同时微博每天要发1—2条跟这场直播相关的内容。把每条预告渠道的不同工作量提前设计出来，方便团队和自己去做整个预告工作内容的安排。

第五，不同的平台有不同的预告方式。淘宝直播发预告的方式一般就是发微淘和发微视频。另外，淘宝也有微淘群，主播可以在微淘群里面发布预告内容。如果主播有意识地建立自己的私域流量池的话，也可以在自己的私域流量池里去做预告。比方说微信就是最常见的私域运营的工具，我们可以发朋友圈或是在微信群做预告，利用微信帮淘宝直播平台去做引流。抖音跟其他平台不一样，抖音的预告可能更需要内容团队去拍一些短视频做引流，因为抖音是一个短视频平台。

5.3.2 什么是预热

我们在谈预热的时候，是谈什么呢？其实预热等于种草，不管是跟这场直播产品相关的，还是跟这场直播活动福利相关的，都可以用来进行预热。预热是要把直播间卖什么好的产品和有什么好的福利，通过预告的方式告诉大家。

如果说预告是宣传方式的话，预热就是告诉粉丝具体直播内容。比如，预告1号晚上8点做直播，直播时间为8:00—11:00共三个小时，直播产品是衣服，给大家提供很多优惠和福利，这叫预告。那什么叫预热呢？比如，1号晚上直播，主播给大家准备了20台iPhone，有两辆宝马车要抽奖送给大家。预热就是主播要把具体送什么，具体的产品和福利告诉大家。与此同时，主播可以说我们好不容易从国外进口了非常好的品牌，大家平时很难买到，我们今天给大家准备了5 000个非常优惠的福利产品来给大家抢购。这就是通过产品和活动的种草去做预热。那么我们做视频预热，一般是提前三五天发预告短视频，在短视频内容、文案、评论中加入直播日期、主题等信息；也可能在直播当天发预告短视频，在视频流量增加的过程中开启直播，导流直播间。发预热视频是为直播间引流的最主要手段，开播前发布预热视频十分必要。建议主播在开播前发布不少于3个预热视频，同时邀请其他达人发视频助阵（见表5-1）。

表5-1　预热计划表

预热	目的	方向	发布时间
预热视频 1	预告直播时间和内容	探店 / 砍价等剧情类	直播前 1 天
预热视频 2	预告直播时间和内容	商品 / 奖品流水展示等	直播前 1—2 小时
预热视频 3	锁定直播时间	告知用户进直播间	直播刚开始
联合预热	获取更多流量	邀请其他达人联合发视频助阵	直播当天

预热要学会利用有热度的产品。我们不得不承认一个现实，就是很多新主播是要靠货攒人气的，新主播前期没有吸粉、推新的能力，跟粉丝没有建立起深厚的信任，这时卖一种新产品是很难的。因为粉丝没有听说过这个产品，同时也刚认识你，粉丝为什么要相信你，在你这里买没有听说过的产品呢？所以说新主播前期一定要卖有热度的产品。主播做预热的时候也要学会利用有热度的产品，用这个产品帮助直播间引流。比如说直播间预热的时候，告诉大家我们要卖阿迪、耐克等品牌货，能帮直播间提高知名度；或者说我们要卖雅诗兰黛、兰蔻等知名品牌的产品，强调很少有美妆主播能够找到这样大牌的货，这样的预热就会产生很好的效果。总之，要学会利用货，利用品牌的热度帮直播间做引流。

直播前要做预热，直播过程中也要做预热。比如，直播前跟大家说今天直播送10台苹果手机，直播的过程中要怎么说呢？如果8:00开播，主播可以说在9:00送5台苹果手机，10:00送5台苹果手机。直播过程中要告诉大家本场直播具体的预热内容。

预热要保持一个高频次。有的时候预热和我们引导粉丝点击关注是一样的，可以每隔5到10分钟在直播间里面说一遍，重复一下预热内容。直播间的粉丝是在不同的时间段进入直播间的，为了让粉丝在第一时间知道我们在直播间里卖什么，要把预热内容每5到10分钟在直播间里重复一次，这样才能够保证有足够多的粉丝知道直播间今天有什么样的福利，有什么样的爆款产品。

要专门设计跟娱乐相关的活动。这是什么意思呢？我们称之为重预热。主播一个人做预热，能力和范围均有限，因此，我们要做重预热活动，如果别人能帮主播预热的话，主播将提供相应的福利或者奖品，这样的话就把预热直播间这件事变成了一个大家都可以帮主播预热，一起跟主播参与预热的活动。比如，直播间1号晚上有抽10台苹果手机的奖励活动，主播可以告诉粉丝抽这个奖有一个条件，就是粉丝要提前把这条预热视频转发出去，到时候领取奖品的时候，粉丝要凭着这条预热视频的转发记录来领取奖品。这个时候主播就把预热组织成了一场帮直播间扩散消息的活动，这个时候预热的效率就非常高。

还可以进行站外流量预热。比如，设计海报，通过社群、微博、公众号、小红书等告知粉丝利益点，引导粉丝前往直播间观看直播或者是找有实力的大V帮忙宣传，还可以动用手中资源做全媒体营销包装，通过这样的方式进行全网预热。

以上是关于预热的要点，那么在预告和预热方面还有什么需要注意的地方呢？其实做预热时有一个很关键的因素，是什么呢？封面图。基本上所有的直播都需要准备封面图。直播广场上有成千上万幅封面图，怎么让人第一眼看到封面图时，就愿意点进来，很重要；所以说封面图一定要认真准备。我们看图的时候都有一个习惯，即直接看标题，所以一定要让粉丝在看标题的时候就确定自己要进入直播间。设计醒目的标题这个时候就会有一些好处。比如，图片可能做得很一般，但是粉丝看到标题上写的今天直播间会送50台苹果手机，也一定会点进去。除此之外，主播还要做活动设计，把活动内容跟标题、封面相结合。比如，今天直播间要送10台车、10台苹果手机，这就是设计的直播间活动，那么标题也应写“今晚直播间狂送好礼：10台车，10台苹果手机”。

第六章

直播中控场

信息是关键的商品，而实物产品只不过是信息运动的偶然形态。

——马歇尔·麦克卢汉

6.1 如何提升直播间的流量

可以说，每个主播都关心直播间流量。新手主播在刚开播的时候，最苦恼的就是如何提升直播间流量。目前直播平台中抖音日活跃用户达到6亿，中国约50%的网民都在使用抖音。抖音的流量巨大，也意味着抖音直播红利依然在，每个想做主播或正在做主播的人都应该抓住这样的机会。

抖音平台的流量是公域流量，平台公域流量一般通过以下方式获取或呈现：短视频推荐、直播推荐、直播广场、同城页、官方活动和话题、预告短视频、花絮短视频、个人账号、关注页等。那我们直播间的流量来源于哪里呢？这里，我们把流量分为免费流量和付费流量，针对这两种类别流量，详细为大家拆解分析。

免费流量：

关注页：主播引导粉丝加入粉丝团。

同城页：开播前开启同城定位。

视频推荐：拍摄预热和花絮视频。

直播推荐：直播广场、小时榜、话题榜排名。

其他：粉丝消息提醒、大主播向小主播导流等。

付费流量：

DOU+：直接加热直播间、通过视频加热直播间。

巨量引擎广告投放：对抖音号进行feed流、feedslive推广。

知道了直播间流量的来源后，根据主播的直播节奏，应该如何正确地去提升直播间流量呢？我们将直播流程分为前、中、后，来看一下提升直播间流量的具体步骤：

步骤一：直播前获取流量。

首先，提前三五天发预热短视频，并且在短视频内容、文案、评论中加入直播日期、主题等信息；直播当天发预告短视频，在视频流量增加的过程中，开启直播，导流直播间。其次，可以进行直播预热，提前三五天，每天在直播间预热，告知用户直播活动时间；可以在主页上预告，比如在主页个人昵称、首页封面、简介处添加直播预告。再次，开播前可以打造吸睛的直播间封面和标题，可以选择视频画面中最具冲突性、戏剧性、喜剧性、美观性、夸张性的一帧作为封面，重点是吸睛。最后，可以利用站外平台进行预热引流，如利用社群或其他新媒体平台引流。

步骤二：直播中获取流量。

要获取直播推荐流，可以在直播间内采取一系列营销措施，如抽奖、发红包，以增加直播间互动氛围，增加直播推荐流，还可以参加官方组织的直播活动、话题等；在直播中，还可以通过把直播视频进行切片发送、继续追加商业投放（也就是信息流广告）、拉高直播间权重等方式获取流量。每场直播结束后，通过飞瓜数据或者蝉妈妈查看数据分析，可以看到有近50%的观众来自短视频推荐流，所以说短视频能直接为直播间提供精准流量。直播过程中，通过合理的粉丝引导，可以反向增加短视频互动量，从而可以得出结论：直播是热门视频价值最大化的方式。

所以在直播前进行短视频预热以及预告或者直播中花絮视频的拍摄尤为重要，但是很多主播经常忽视这个重要的流量获取方式。基于此，我还是想跟大家讲一下直播前预热或预告视频的创作技巧。视频创作需要从文案、背景乐、视频内容和时长、拍摄技巧等方面去考量，下面详细给大家解析一下。

（1）引流标题打造技巧。文案要引起人产生情感共鸣，产生同理心，触发他们的喜怒哀乐。文案需具备趣味性、共情性或悬疑性，要引导用户点赞、关注，让他继续看下去。文案可以多用疑问句来替代陈述句，给用户评论留下一个选择的空间，激发用户互动热情。例如：

文案一：今天天气不错，出来荡秋千。

文案二：今天天气不错，做点什么好呢？

文案三：今天天气不错，出来荡秋千。你们喜欢荡秋千吗？

显然，上述三种句式中，文案三留给用户一个选择的空间，关于喜欢与不喜欢，人人都有话说，有句可评。

（2）背景乐的基本特征。背景乐应与视频内容相协调，节奏、情节、调性相得益彰；如非必要，不要采用低沉的音乐。

（3）视频要做小视频，不做大电影。视频播放时间控制在15—20秒，在短时间内把故事的起因、经过、结果等核心内容讲清楚。如果视频不够优质，建议不要拍摄太长，短小精悍即可。要了解“黄金6秒原则”——99%的用户看视频在6秒前就划过了。所以应做好前5—6秒的内容，抓住用户的眼球，给用户继续看下去的动力，避免用户流失。黄金6秒的内容决定了用户是否点赞、评论、转发，甚至购买。要在视频封面、音乐与内容的匹配程度等上面下足功夫，争取瞬间抓住用户的心。

（4）视频内容要结合热点，策划动情内容。视频内容要结合热点，如热点梗、热点特效、热点背景乐、热点模仿秀、热点故事；视频内容要能触动人心，触发人的喜怒哀乐；视频内容罕见的话，更能吸引人；视频内容要实用，要让用户有所收获；视频内容可以为用户制造惊喜、意外，让用户感到刺激有味。

（5）预热视频的拍摄技巧。发布预热视频分三个阶段进行：前期造势、直播前预热、直播中持续引流。前期造势视频可以在直播前三五天发布，可以发布软性植入，重点在于间接传达直播信息，可以每天发1条。直播前预热视频在直播当天发布就可以，重点打造优质爆款内容，增加曝光度，为直播间引流。预告视频重点预告直播的时间以及福利，可以利用设置悬念的手法，吸引用户准时进入直播间。爆款视频需要花时间去策划和拍摄，发一条即可；预告视频可以发两三条。直播中持续引流，也就是主播在直播的时候拍摄好的爆款内容，也可以使用直播现场的切片内容，将有亮点的直播现场录制下来作为视频内容。直播中的切片内容可以每隔15分钟或者半小时就发一次，在直播中持续地获取流量。

说完直播间的流量来源以及获取，有人会问：直播间人气和流量有何区别？其实二者是没有区别的，只是流量的涵盖更广一些。下面说一下直播间人气。影响直播间人气的因素有很多，比如直播预热、直播时段、产品顺序、脚本设计、直播间布局、投放能力、粘粉能力等，这里不做过多阐述。前面我们讲了直播间的流量分布以及根据直播间节奏进行流量获取，现在我们换个角度分析：用户从哪些入口可以进入直播间？用户分别从以下入口进入直播间：短视频、个人主页、直播feed流、视频feed流、关注页、开播提醒、直播广场、小时榜、活动页面、直播榜等。

主播做好以下细节可以大大提高人气：一是在直播预热阶段做宣传时，要在直播海报上突出商品卖点和折扣信息。直播宣传海报应简洁、直奔主题，突出直播时间和商品折扣信息，可以在海报上放直播间二维码，引导粉丝进入直播间。直播前一两天宣传，预热效果最为突出。除了在抖音平台预热，还可以利用微信粉丝群、朋友圈、线下门店做活动宣传，采取公众号推文、电话邀约等策略，或者提前公布部分热门商品在直播间的秒杀价，吸引粉丝关注直播间；可邀请重点客户帮忙转发直播链接，只要进入邀请榜单即可获取礼品或者赠送积分。二是写脚本。当主播对着镜头不知道该说什么，或者直播时忽然冷场，下一步不知道该卖货还是给大家唱歌、讲故事时，主播要做的就是参考脚本。脚本就是直播时的流程图。即使当天主播开播不在状态，只要按照整个直播脚本进行直播，也不会乱了阵脚，而没有脚本，主播只能即兴发挥，东拉西扯，可能播了几个小时也不知道究竟说了些什么，活动也没做，货品也没有好好介绍。新手主播一定要按照脚本内容来直播。比如，先自我介绍，然后进行开场活动预热+打卡，接着引出主题——产品介绍（材质、功能、卖点、使用效果、尺寸、上身效果、优惠等），最后催付下单，直播结束还要有结束语并为下一场直播做预热。大家都知道，单纯产品直播，很容易让人没了兴趣，所以加入一些活动，而且提前写好脚本，就不会乱了阵脚，直播效果也会非常好！三是直播间布景。直播间背景墙颜色最好以浅色或纯色为主，应简洁、大方、明亮，不能花哨，因为杂乱的背景容易使人反感；背景墙可以选择窗帘布或是墙纸。同样，房间布置也不能乱，杂乱的房间会让用户观看体验极差。所以房间布置也要简洁、大方。比如，服饰类的直播间可以放衣架或衣柜，但不能乱七八糟摆放。另外，光线要适宜，前面已阐述，这里不再重复。

类似的直播间细节操作还有很多，比如直播美颜滤镜的使用，直播间的控屏、欢迎语、感谢语等的运用。总之，提升直播间人气和流量的方法是非常多的，每个主播可以根据自己以及团队的情况，使用最适合自己的直播间流量提升技巧。

6.2 高转化率直播脚本的三大必备法则

为什么有的主播直播带货能够把销售额做到上百万元、上千万元、甚至上亿元？除了货品、主播等因素之外，直播过程使用的脚本以及营销转化的策略也是十分重要的，需要进行设计和安排。每一场成功的直播背后，都离不开千辛万苦的精心设计和安排。这节就给大家讲一下直播脚本的三大必备法则，俗称“直播三板斧”。

第一招是拆时为分。这是什么意思呢？以前我给学员上课的时候，他们都会问我，直播的时候我到底该说什么，我的直播间怎样才能有节奏，他们觉得直播两三个小时没有话题感觉很尴尬。为什么会出现如此情况呢？这都是因为我们直播的时候没有设计好脚本。设计脚本先可以运用“拆时为分”的法则。比如，我们要做一场两小时的直播，首先要把两个小时拆分成120分钟，然后再把120分钟拆分成12个10分钟或者24个5分钟，这就叫作拆时为分。这样的话，我们每一场两小时的直播，只要把每一个10分钟或者每一个5分钟的内容提前设计好，然后按照我们设计好的脚本内容，一个个10分钟或者一个个5分钟播过去，整场直播就结束了，而且会非常有节奏。

那什么样的产品适合做10分钟，什么样的产品适合做5分钟呢？一般我们会认为，直播间需要靠款式的丰富程度来吸引粉丝的，就要用5分钟，然后三四个小时大概介绍三四十款，每5分钟介绍一款。比如衣服、食品等产品，粉丝希望快速看完并迅速做决定，这个时候每5分钟介绍一款，节奏就会很快。那用10分钟是介绍什么呢？比方说美妆类、小家电，这种产品不可能用三两分钟就把它的卖点详细地讲清楚。还有的产品的客单量相对比较高，粉丝要考虑的时间比较长，那么我们就用10分钟介绍一款这个类目的产品。如果需要20分钟的话，介绍的就是大家电。主播要现场演示一下家电有什么功能，才能够把这类产品介绍清楚。总结一下：拆时为分，就是把几个小时拆分成一个个5—10分钟的小模块，然后再把每一种产品放到每一个模块里面去做介绍，整场下来直播就非常有节奏了。

第二招叫221结构。221结构是什么意思呢？就是把每一个5分钟拆分成两个2分钟和一个1分钟，5分钟等于2分钟加2分钟加1分钟。同理，如果是10分钟的话，我就把它拆分成442，即一个4分钟加一个4分钟加一个2分钟，而20分钟就拆成884。那么每一个5分钟拆成221之后，每一个2分钟之内应该说什么呢？

我们会用第一个2分钟介绍产品的四个“三要素”，分别是三个产品卖点、三个产品背书、三个产品的应用场景以及三个产品的对比。

卖点相对来说比较好理解；背书就是关于这个产品的生产厂商和这个品牌的代言人；场景就是在什么情况下会使用到这款产品，比如这件衣服是适合上班穿还是适合约会穿、旅行穿，这样东西是适合在家里用，还是适合在办公室用，这就叫使用场景；对比的话就是有价格对比、同类产品的性能对比。所以说主播在第一个2分钟里面，要进行三个卖点、三个背书、三个场景和三个对比的产品介绍。

第二个2分钟做什么呢？首先要发起限时、限量、限价、限购，这是直播间使用的常规套路。主播在直播间里一定要让粉丝感觉到，此时此刻在我直播间里买这个东西才能拿到这个价格，这就是限时。限量是什么意思呢？低价产品的数量一定是有限的。比如，你想要做低价，厂家只给你100份，让你在直播间里面卖给你的粉丝。所以说限量基本也是因为品牌方是不会乱加价的，他要控价的，所以说低价品只能限量。限购针对的是每个人的购买数量，比如直播间里面在线有1 000人，但是这份产品只有50个享受优惠价格，那就尽量让50个粉丝拿到我们的产品，而不是一个粉丝直接把50个产品全拍完。

最后1分钟做什么呢？秒杀也结束了，订单也下完了，接下来主播要跟粉丝进行一个互动。可以设置一个抽奖环节。比如，薇娅基本上在每一个产品介绍完之后，都会设一个抽奖环节放到最后1分钟。同时她也会跟粉丝进行互动，因为那时直播间的人太多了，后台消息也非常多，其实她是很难回答每一个粉丝的问题的，但是她也会尽量在最后一个1分钟的时候回答粉丝提问。如果在前面4分钟与粉丝互动的话会影响介绍产品的节奏，她只有在最后1分钟的时候拿出一个特定的时间段去跟粉丝互动，并且抽奖环节还能直接提高直播间当下的互动人数，使直播间刷的评论增多，增加直播间的权重。不管在哪个平台，权重高的直播间，流量肯定也大。

第三招是什么呢？第三招为两套核心话术。第一套话术叫万能开场白，

第二套话术叫360度引导话术。在说这两套话术之前，我先给大家强调一件事：不管在哪个平台做直播，直播间的粉丝都是陆陆续续进来的。粉丝不会在一个时间段全部涌进来，因此，主播要做到让各个时间段进来的人第一时间认识你，让每一个新粉丝第一时间知道你的优势。万能开场白就是这个问题的应对方式。这套话术包含四部分内容："我是谁？我的优势是什么？我今天直播间卖什么产品？我今天直播间有什么活动？"给大家举一个例子：我是谁？我是一个来自义乌的服装工厂老板，有一个自己的工厂和车间以及大量的员工。我的优势是什么？我主做女装，而且只做芭比裤等一类的塑身衣服，快手头部主播卡卡都在直播间卖我的产品，这就是我的优势。我直播间今天卖什么产品？我们今天卖塑身以及速干的新品，对于喜好健身的朋友来讲，这是一款非常好的服装，穿起来特别舒服而且也不怕运动量过大而汗湿，男女穿都非常适合，买回去送女朋友或者男朋友都可以。我直播间现在有什么活动呢？这款服装线下卖可能要定价168元，但是今天在直播间给大家优惠，限量100套，只要79元；同时，凡是今天在我直播间下单购买的，我还送你一顶速干的帽子。

第二套话术叫360度引导话术。这其实是有效提高直播间活跃度以及提高转粉率的话术。什么叫360度引导话术呢？不管在哪一个平台直播，手机屏幕的画面都是差不多的：关注页在屏幕的最上端，右下角会有点赞标识，下方有一个留言区和一个购物车。那360度引导话术是什么意思呢？比如当每一个粉丝进来时，主播可以这样说："新进来的粉丝记得点点主播头像的关注，关注主播不迷路，关注主播上高速。然后再往左下角这个地方走，那么今天新进来粉丝可以点点赞，因为今天我们直播间每集齐5万赞就会有一个抽奖的活动。希望大家把赞点起来。点完赞的宝宝记得把直播间转发出去，转发更多的人。如果你已把你的转发截图保存下来，可以联系我们的客服，会有专门的客服给大家送上一份精美的礼品，转发完之后看左下角，这是我们今天的购物车，我们今天直播间卖的产品大家可以进入购物车点击观看。”整个一圈引导下来，就构成了直播间的360度引导话术。

还是那句话，粉丝是在不同时间段进入直播间的，但是有的粉丝可能没有点关注这个习惯，即使他很欣赏你的直播，但是他一直都没有点关注你，这样的话他下次想找你的直播间都找不到了。所以说主播就要养成一个习惯，即引导新进来的粉丝点关注。引导粉丝点关注是提升粉丝转化率的最重要的一个动作。我们在给主播做数据复盘的时候，如果发现某场直播的粉丝转化率很低，我们会先考虑一个问题：主播在这场直播中做引导粉丝关注动作重复了多少次？如果主播这个动作一直都没有做，先考虑下场直播加上30到40次这样的动作。

下面给大家介绍一套非常简单的直播宣传产品的话术：“先看我手上拿的这瓶防晒霜，质量超级好，还很便携，在商场卖200元以上，很多淘宝店都从我这里拿货，这里就是货源。你在淘宝店上去找那些卖同款产品的店，它们的销量都很好，都是在我这里进的货。而且直播间的宝宝们，今晚有福气了，今天在我们直播间这款产品有很大的一个优惠，大家可以去看×××店，他们的售价是299元，因为我们是厂家直供的一手货源，所以今晚特价199元！除此之外，对今晚下单的宝宝，我还给你赠送一把防晒伞、一副太阳镜以及其他小礼品，给你们配齐全套出行的护肤装备，非常超值有没有！！！”

最后，我给大家介绍一下直播当中的促单转化环节应注意的地方。直播间那么多的商品，我们进行促单的时候，一定要营造出一种紧迫感。新主播要突破零销量，就要进行促单。比如，前5名或者前10名下单购买，会送什么样的福利，并且赠送的福利是限量的。同样的，商品优惠也仅提供给今晚在直播间抢购的粉丝。另外，要让用户产生今天不买后悔三年的感觉。这就需要运用正确的话术了。关于促单话术，后面我们会具体讲，这里不再赘述。

在促销环节中，还有几点需要注意：

◆ 和助理的对话配合很重要。有助理配合直播，是很容易爆单的。比如，李佳琦每次直播都会带上他的助理。虽然近期他的小助理不在直播间露脸，退居幕后了，但是之前他们巧妙的配合深受粉丝欢迎，而且是其爆单的原因所在。

◆ 故意说错话/进行价格询问/给限购合理的理由。助理故意询问一些大家都比较关心的话题，然后由主播来进行解答。这就是所谓的一个唱红脸，一个唱白脸。

◆ 前期直播销量小的时候，可以买一发二、买二发三。

◆ 中后期销量大时，可以边卖边挂车，用猜价格来制造惊喜或心理落差。

6.3 商品的单品脚本拆解

脚本是短视频创作的必备条件，在直播带货中也同样如此。这节主要跟大家讲关于商品的单品脚本创作，我会从三个产品卖点、三个产品背书、三个产品使用场景和三个对比分析去做介绍。前面我们讲了直播“三板斧”，其中“第二板斧”叫作221结构，221结构其实就是主播把每一个5分钟拆分成两个2分钟和一个1分钟，第一个2分钟介绍产品的4个“三要素”，这也就是我们这节要说的单品脚本内容。

其实直播做久了之后，主播已经不怎么写脚本了，为什么呢？因为整场直播的脚本无非就是从开场白到快速过款再到正式介绍产品，最后结尾，就是这么一个结构。那么直播的最后核心点还是看主播今天卖了多少，比如说20款产品或者30款产品，我们这20款产品的单品脚本组成了整场直播的书面材料，所以单品脚本可以说是整场直播里面最重要的文字材料。

第一个是不同的主播可能会做不同的内容，可能会做服装、做美妆、做珠宝或者做百货，这四个方向的侧重点其实是不一样的。比如说产品卖点：我们可以通过什么样的工具去分析，主要找哪些亮点。比如说产品背书：我们可以从哪几个方向去介绍一个产品的背书。比如说产品使用场景：产品可以有哪几个方向的使用场景去对比。

我们先从产品卖点说起，相对来说收集卖点最简单的方式是先去淘宝详情页。因为大多数在直播间里面能够卖的产品，电商都已经卖过了，它们在做电商详情页图的时候，已经把这个产品所有的卖点都梳理过一遍了，这个时候主播只要找到商品详情页，就可以挖掘出一些卖点，然后在自己的直播间里说出来。此外，在京东和小红书上也可以查找商品详情。方式二就是在专业的网站上查找。专业的网站是什么呢？比如，如果主播直播美妆类产品，这是女孩子用得比较多的东西，那么我们可以去小红书这样的网站查找信息。小红书上会有很多使用过各种美妆产品的用户，他们会在小红书上分享产品的亮点和使用体验。这样主播就能找到非常多的关于某种产品的真实反馈，从而为自己积累非常好的卖点素材。方式三就是主播通过产品的包装去了解。比如，一些美妆类产品的包装上其实已经把它是哪个工厂生产的，它是什么品牌，它有哪个代言人，它的成分是什么等内容全部介绍出来了，主播完全可以从包装上获悉产品的功能和功效。如果是衣服的话，主播可以通过它的标签看到它是什么面料做成的，它有什么洗涤注意事项，从而提炼出产品的卖点。关于产品的卖点，主播可以在直播之前认真地去准备，也可以在自己的小组内运用头脑风暴法将卖点总结、分析出来。

第二个是关于产品背书的介绍。关于产品的背书，我们可以从哪几个方向去着手考虑呢？我认为应最先考虑的肯定是工厂背书：这种产品是由谁生产的？如果是美妆类产品，这类产品可能是化妆品工厂生产的，那么这个化妆品工厂是什么规模？上市了吗？有没有给其他大品牌代工过？有没有好的技术背景？这些都可以成为产品介绍的工厂背书。其次考虑品牌的背书，比如，它是哪个国际一线大品牌的延伸子品牌？品牌创始人是之前做哪个品牌的？他是从什么团队出来的？这些内容都可以用来做品牌背书。再次考虑成分背书，或者叫含量背书。比如，服装类产品可以说含百分之百的羊毛、桑蚕丝、醋酸，这都是成分或含量的背书。美妆类的产品从包装上可以看到产品的成分，从成分表里面找出它的主要成分，然后这个主要成分的功效其实就是美妆类产品的主要功效。所以，可以用成分和材质作为产品的背书。还可以考虑奖项背书。比如，这款产品是否获过什么样或者什么级别的奖项？制作这款产品的工厂或者品牌在某个级别的赛事上拿过什么样的奖？它里面的某一种成分是不是某个诺贝尔奖得主研究出来的？它的技术获得过什么样的奖项？这些都可以做成奖项背书。最后考虑名人背书。当然，产品或者品牌有代言人是最基础的名人背书，此外还可以找一些有文化背景的历史名人来做背书。如果哪个历史名人跟这款产品是有关系的，我们就可以通过讲他和这款产品的故事，比如屈原和粽子的故事，以名人来为产品背书。

第三，讲讲产品使用场景。用户的使用场景可以从哪里获取呢？可以从淘宝、京东的用户评价页面获得，不管是好评、中评还是差评，都是用户的真实反馈。好评的部分可以拿去说，差评部分也要看和分析，以对该产品有一个全面的评估，对自己的粉丝负责。如果这款产品的差评一大堆，比如说各种皮肤用了都有相同的副作用，主播就不要推荐这个产品了。此外，还可以去小红书、知乎这类知识分享平台查看用户的真实体验和反馈。这样一方面能够提升主播在直播间的谈资质量，另外一方面主播也可以把它当作自己的产品背书。主播可以在直播间里的电视屏幕上，把自己搜索的用户好评、差评，或是他们的分享，截屏展示出来，让直播间的粉丝看。展示主播搜索的结果，能够体现出主播的工作态度：你在认真地帮粉丝去分析这款产品，还找了别人的使用体验，证明你是很专业的；你做了多次对比分析之后才推荐这款产品，说明你对粉丝是很负责的。

我们还可以考虑产品的应用场景，比如：这款产品是自己买来用还是拿去送人呢？送人的话，是送自己家的老人、送亲戚，还是送朋友？自用的话，是在什么样的场合下用？比如说一款衣服，你是用来跟对象约会，还是旅行的时候穿（因为它携带方便又能防蚊虫），还是上班的时候当作职场休闲装来穿？这都是产品的不同应用场景。还可以考虑使用的时间：是春天用还是夏天用？是白天用还是晚上用？是非常热的时候用还是冷的时候用？这些都可以当作产品场景的一部分。

第四，讲讲三个对比分析的内容。对比分析是催促粉丝下单最关键的一个环节，是直播间的精华所在。为什么粉丝要在主播的直播间下单购买这款产品？主播就要通过对比分析来告诉粉丝在我直播间买是最值的，在我直播间买完全可以放心。我们首先要讨论的是网络价格的对比。网络价格的对比，我们更多关注的是不同平台间的价格。比如，主播今天在抖音做直播卖货，卖的是抖音小店的产品，主播可以先去天猫店和淘宝店搜一搜，看这款产品日常卖多少钱，活动价卖多少钱。主播可以把别的平台价格说一遍，最后说我的直播间产品比其他平台都便宜，这就是主播的一个优势。其次，主播可以拿线下价格和线上价格做对比。薇娅在直播间里的大屏幕上会放一张图片，清晰展示这款产品平时在线下门店或者线下超市里卖多少钱，比如这款产品平时在线下卖168元，今天在我的直播间卖68元还买一赠一，这就是线上价格和线下价格的对比。再次，可以考虑竞品对比。竞品对比主要突出人无我有，人有我优。比如这款面膜售价为20元，同样价格下别的品牌面膜的成分都没有我的好，它们的包装都没有我的好看。或者这款面膜在同样的成分、同样的功效下，别人都要卖40元甚至50元，而是我只卖20元。这都是不同竞品之间的对比。

总而言之，我们可以从产品卖点、产品背书、产品场景和对比分析四个方面去拆解商品的单品脚本，内容不宜多而宜精。主播在直播前一定要收集不同渠道的卖点，筛选出最能打动消费者的简练内容，然后通过生活化的语言把它讲出来。生活化的语言很重要，大家在直播间一定要使用接地气的话。

最后我再强调下，在对单品进行介绍时，主播必须熟悉产品的性能和卖点，要把产品的亮点和一些促销手段介绍清楚；因为大部分进入直播间的用户，都是被你的带货预热视频吸引来的，所以他们原本也有购买意向。主播在直播间里给别人介绍清楚产品细节，才会让用户更清楚这款产品的优势，也才更容易成交。

6.4　如何提高直播间的下单率

如何快速提高直播间转化率，并帮助主播快速“蓄势”？这是大多数新手主播考虑的问题。新手主播做过几场带货直播后，需要掌握进阶的带货技巧。那么在直播间卖货，应该如何吸引更多的人来观看直播呢？其实呢，吸引更多的人来直播间是促进直播转化的前提。在开播前需要注意以下几个细节：

第一，开播前预热。主播应提前发直播预告。刚开始可以在朋友圈做铺垫，然后可以一对一群发，最后在自己的群里发，让大家点进去观看你的直播，帮你增加人气。一般提前两天进行预热。直播时如果不是使用的专用手机，最好是把手机设置成飞行模式，直播的前一个小时在群里、朋友圈再发一遍，在群里可以发红包让大家关注和帮忙转发。

第二，开播中的操作。在正式开始直播前半个小时，很多粉丝已进入直播间，这时可以播放暖场的音乐，音乐节奏可以欢快一点，这样可以制造轻松的气氛。当粉丝陆陆续续进入直播间的时候，要说欢迎×××，如果同时进来太多人，就说欢迎各位老铁们，顺便邀请他们帮忙转发一下，同时引导他们点亮关注。引导的话在直播时要反反复复地讲，以免粉丝忘了关注。一场直播，一定要提供一些赠品，用赠品激发粉丝转发和关注的热情。有了赠品，引导关注的方法就有很多了。比如说：“老铁们给点力啊，积极转发分享起来，现在是800人，满1 200人开始抽奖送礼，中奖名单将在评论区随机抽取获得。这次准备送出5份奖品，接下来我喊开始抽奖。所有转发的老铁在公屏上扣1，然后我会数5个数，数到1开始抽奖，点到屏幕上的扣1并且转发分享了的老铁，将获得奖励。”只要你的赠品具有足够的诱惑力，转发的人一定会非常多。大主播一般会送手机，能刺激几万人转发。

第三，直播中提高成交率的技巧。主播要准备辅助成交的工具。比如，主播报价谈到产品价格优势的时候，可以拿出手机或者计算器当场算，引导下单的时候可以拿出一个平板电脑跟大家演示下单的步骤。在销售过程中，有时候很多因素是没法一下子掌控的，比如粉丝的情绪，所以这时候借助工具比单凭一张嘴说更具有说服力。

在直播卖货的时候阐述产品的卖点，一定要花最短的时间把卖点讲透。李佳琦直播的时候，都会提炼出一两个主推款的亮点，然后用一些方式来论证他的观点，促成客户下单。同行主播其实是最好的老师，看别人直播的过程其实就是学习的过程。李佳琦用哪些方法来论证呢？比如亲自试用、展示产品成分、讲解专业名词、讲解化妆中的问题、技巧、小知识等等。当然，还可以围绕产品讲故事。如果产品有明星代言，一定要告诉用户。在直播间里，要时刻让自己处于亢奋状态，在开播前可以听听劲爆的音乐，把自己的状态调整到最好。

提高直播间下单率，直播间的话术与转化技巧也非常重要。下面来讲一下直播间里提升下单率的话术与转化的六个技巧。

一是掌握直播间的逼单话术。很多女主播没有做过销售，所以她在直播间里面卖东西就会扭扭捏捏的。这是肯定不行的。为什么李佳琦的带货转化率明显比别人好？因为李佳琦卖口红的时候非常自信，而且介绍完产品后一定会跟一句“Oh my God”。潜台词就是买它！买它！

试想，如果主播自己都没有信心，怎么能把产品卖给别人呢？所以说逼单话术是每一个新主播一定要了解的。对每一款产品，一定要催单。主播选这个产品是有逻辑的，卖这个产品是有理由的，是精心为自己圈定的粉丝群选了这一款产品，所以说主播对产品有绝对自信。当主播对产品有绝对自信的时候，主播应该觉得在直播间里的粉丝不买这款产品是吃亏的，因为他在其他渠道买可能很贵，他去买别的产品又不适合他。有了这样的前提，主播为什么不催粉丝买呢？所以说一定要催单。

二是在直播间里要会营造氛围。主播一定要把限时、限量、限购这个意思表达出来。限时是指：直播间只有当下能买到这款产品，明天这款产品就下架了；只有在我介绍这款产品的5分钟内下单才有效，下一个5分钟大概就无法下单了。限量是指：主播好不容易跟品牌方谈了××件全网最低价产品，或者××个可以买一个赠二的产品，所以粉丝不买真的亏，而且只限前××名送赠品，这样可以促使粉丝下单购买。限购是什么意思呢？如果主播的粉丝只是有意向，但是没有下定决心购买，他可能会做很多动作，心里可能在想：“我点击下单，但是我不付款，我先把这个坑占着。”这样一来，那些真心想购买的粉丝就拍不到了。针对这种情况，主播通常会在直播间里面说“没有下单、没有付款的宝宝，抓紧付，不然我们就踢。”为什么呢？因为库存是有限的，你想买你就下单，你不想买就别下单，要把订单让给真正需要的粉丝。以上就是限时、限量、限购的逻辑。

三是在直播间里设计一些情节。主播可以把现实生活中砍价的情节拿到直播间里用，比如，我今年卖一个品牌的专场，那么我是不是可以请品牌负责人到我的直播间里来。虽然产品的价格是线下已经沟通好的，但是我们要在线上把砍价的过程重新演一遍，让粉丝知道主播到底是怎样把这个价格砍下来的。所以说这个砍价的过程并不是表演，而是真真正正把线下的砍价过程搬到了线上而已。我们还可以设计一些其他情节。比如，主播可以现场在直播间里给品牌负责人打电话说能不能给我便宜一点儿，给我的粉丝一点福利。有的主播很高明，他在直播间里面卖一件没有套盒的饰品，然后现场他妈给他发视频，要他跟工厂方好好谈谈这款饰品的价格，因为她也想买这一款，而且她身边有好多朋友也想买这一款。这个主播就在直播间说我妈想买，所以我一定要把价格谈到全网最低价。粉丝一看主播在帮他妈妈砍价，那如果现在买的话肯定特别超值。这种情节虽然我不知道它是不是设计好的，但是这个情节确实非常吸引人。

四是控制直播的语速。主播讲话不是非得像打机关枪一样快，但是一定要学会用语速来控制直播间的氛围。如果主播慢条斯理地说："现在我们来看一下我们的三号宝贝链接，然后这个宝贝是一个什么呢？……"这个时候很多粉丝就会觉得他的语速太慢了，听得人想睡觉。为什么目前销售额巨大的直播间主播的语速全部都是常人语速的1.2倍到1.5倍呢？比如，李佳琦叫“人间唢呐”，他的语速非常快；薇娅也是，她平常说话速度就很快；还有抖音的朱瓜瓜，语速也非常快。语速快能够加快销售节奏，并促使粉丝下单，提高直播间的销售效率。

五是直播间不要过度营销。过度营销是很多主播前期会犯的一个错误。比如，在服装类直播间主播有时候会说，反正我们有7天无理由退换货，这件衣服有三种颜色，粉丝宝宝可以先买两件回去，收到衣服后可以把不喜欢的退回来。这样就是过度营销。谁受损了？受损的是商家和供应商，因为它们要承担额外的运费，承担额外的退货，承担额外的库存，而且不利于直播电商环境建设。所以主播不仅要对粉丝负责任，也要对上游供应商负责，一定不要过度营销。如果把产品夸大得功能性非常强，容易让粉丝产生心理落差，导致退货等情况发生。主播不要一味地追求直播间的高销售额而不管售后，不管退货多不多，不管供应商的利润能否承受高退货率，这样对粉丝和供应商都是伤害。所以主播在做直播的时候不要过度营销，让喜欢的粉丝下单即可，不喜欢的粉丝不必下单。

以上就是主播在直播间引导粉丝下单和提高直播转化率时需要注意的技巧。新主播要多去看头部主播是如何引导粉丝下单购买的，不能闭门造车或者干脆不去想这个问题，不努力做调整。对新主播而言，要提高直播间转化率，没有捷径可走，只有一步一步脚踏实地逐渐提高。

6.5 直播间气氛维护及粘粉互动技巧

第一，掌握与粉丝互动技巧。新主播在直播时肯定会常常遇到冷场、尬场，直播间进人易、留人难的局面。想要留住粉丝，就要学会与粉丝互动。如何与粉丝互动？大多数新主播可能会出现迷茫、困惑甚至无法张口的状况，这个时候就要使用一些小技巧化解冷场。比如，主播可以积极回答粉丝问题，跟其他主播或粉丝连麦，展示自己的才艺，向粉丝提问等。主播回答问题要有耐心，不要看不起粉丝，鄙视提问者，当然对于一些过分挑剔的提问，可以选择性过滤。连麦可以调动粉丝的积极性，会增加直播间粉丝活跃度。主播也可以在直播间表演才艺，吸引大家的注意力。除了及时回答粉丝提出的问题，主播也可以向粉丝提问，以提升互动率。主播在提问的时候不要问开放性问题，而应多问一些封闭性的问题。例如，可以问：

◆大家觉得橘色大衣好看还是黄色大衣好看呢？

◆各位宝宝想要这件衣服吗？想要的可以扣666。

虽然主播是隔着屏幕和粉丝进行交流的，但很多时候还是会紧张，担心自己的风格不是粉丝喜欢的，自己说的话不对，甚至在镜头面前不太会展示自己。刚开始做直播的时候很多人都会这样想。所以一定要克服这种羞怯的心理，主动去和粉丝聊天，不必顾虑，勇敢地说出自己的想法和粉丝进行交流。去看直播的人，大多数都对新奇事物或者新颖观点有着浓厚的兴趣，对于陌生人的看法都有好奇心理。如果主播能通过专业性知识，让粉丝信服，那么粉丝就有很大可能留在直播间里。

这里教大家两招：尽可能地微笑，因为笑容可以消除紧张情绪，同时能够让粉丝对主播产生好感；表情要丰富，丰富的表情和动作能让粉丝感受到主播的积极和热情，最好多展示自己幽默的一面。同时，主播在直播的时候，视线要时不时地注视一下手机摄像头，这不仅是出于礼貌，也是辅助网络交流的必备动作。很多主播在直播的时候，偶而会让镜头对着空白处，或者自己低头玩手机。这些情况是绝对不允许发生的。因为这样做，会让直播间里的观众觉得主播不够礼貌。在抖音平台，如果发现了这种放空镜的行为，会从后台系统对主播进行警告。

第二，提高直播粉丝活跃度和积极性。如何提升直播间粉丝活跃度和积极性呢？这里我总结出了六点，分别是：

- 群体效应
- 增强粉丝归属感
- 打造有仪式感的直播间
- 直播红包、优惠券
- 疑问结尾
- 控屏，特定回复语设置

（1）群体效应。什么是群体效应？以电商直播为例，主播在直播间展示性价比很高的产品，并问大家想不想要的时候，一部分人会刷屏说想要，正好被新进入直播间的观众看到了，就会极大地刺激他的购买欲望。为什么会发生这种情况呢？因为人是一种社群化的动物，当一个群体的大部分都做出同一个选择时，其他个体也会很容易地跟随，这种趋同性就是群体效应。

其实知识分享类直播间也一样，当直播间粉丝互动性低的时候，主播可以问粉丝想听什么样的内容，可以在直播间的对话框里发出来。这种提问式的技巧可以打破冷场，但是光这样还不够。当主播收集到了一部分粉丝的需求之后，就可以挑出两个占比较大的需求，再次让粉丝选择。比如："大家是想听第一问题，还是第二个问题？想听问题1直播间扣1，想听问题2直播间扣2，都想听的扣666。"这种带节奏的提问模式，可以极大地刺激粉丝在直播间中互动，也会让新进入直播间的人感到好奇，进而逗留。再比如，主播可以和观众玩猜字谜的游戏，先口述字谜，让大家猜；或者说一个典故，让大家说出自哪里。如果粉丝及时互动，那主播的目的就达到了。如果还是没什么人跟主播互动，那么主播可以用开玩笑的方法吐槽大家没有你聪明之类，然后自己说出答案。注意无论是使用到字谜还是使用到典故，一定要保证内容新颖有趣。可以买相关的书或者直接百度查找。类似的方法还有很多，这里不一一列举。

（2）增强粉丝归属感。我们会发现很多主播会给自己的粉丝起昵称。比如，李佳琦会在直播间中称呼自己的铁粉为"姐妹们"，薇娅会称呼自己的粉丝为“薇娅的女人”。还有一些主播会亲切地称呼自己的粉丝为某某家的宝宝们、某某家的小仙女之类的。主播都要为自己的粉丝设计一种专属的称号。为什么要这么做呢？薇娅将自己的粉丝称呼为“薇娅的女人”，她用这样的方式和粉丝建立起一种亲密的关系，无形中提升了粉丝对她的好感和忠诚度。李佳琦在直播间会经常喊粉丝为“姐妹们”，这样可以让粉丝觉得这是我的闺蜜，“她”在向我推荐好东西，而不是一个卖货的商家。这种亲切的称号，可以让主播和粉丝之间建立信任，有了情感的维系，能让粉丝有一种归属感。

当然，光给粉丝设计一种专属的称号还不够，还要给关注了主播，并加入主播粉丝团的铁粉，设置专属的福利活动，这种活动可以统一叫作“宠粉专享款”。比如，主播可以承诺粉丝，加入粉丝团的铁粉，如果购买某款特定的产品，可以买一发二、买二发三。这么做会让粉丝感受到主播对他们与普通用户是不同的，在主播这里可以得到更大的福利优惠。

短视频对应的是粉丝，直播对应的是粉丝团。利用粉丝团专属福利活动（产品）来黏住粉丝，是提高直播间互动的关键。那么，如何引导粉丝加入粉丝团？或者说如何让粉丝愿意加入粉丝团呢？要考虑以下几点：一是口播名称。比如，欢迎×××加入我的粉丝团，因为主播不可能记住每一个粉丝的名字。主播念出×××的名字或者昵称，会让他有一种被重视的自豪感。二是对于粉丝团提出的问题，回复时采取“优先对待”的策略。比如，在有些活动的环节或者答疑的环节，主播要优先回复粉丝团成员提出的问题。这时主播可以说：“咱们粉丝团的×××宝宝，你提出的×××

问题是×××？”三是提供远超粉丝团门票价值的产品福利。这是什么意思呢？目前加入粉丝团的价格是1毛钱（0.1元），虽然加入粉丝团是要花钱的，但是主播会提供远超加入团的福利。并且，粉丝团还有试金石或者说筛选用户的作用。如果一个粉丝连一毛钱都不愿意给主播花，那么主播想在他身上变现是很难的事情。所以说，引导进入粉丝团是成交的前提。对于粉丝团高等级的粉丝，一定要给予特殊照顾。为什么呢？因为粉丝的等级和他给你刷多少单以及在直播间停留和互动的时长都是相关联的。高等级粉丝团的粉丝，一般情况下都是铁粉，是主播进行粉丝裂变的核心种子群体。

（3）打造有仪式感的直播间。怎么叫有仪式感呢？我们以电商直播为例，很多时候我们看到主播在进行秒杀的时候都会说“大家想不想要啊，想要的话走一波666或者888”。当大家做一个特定动作的时候，就像在直播间里形成了一种风气。形成了这种风气之后，大家会觉得很有意思，都愿意去直播间里进行互动，都愿意去进行操作。就好像你看到大家都在跳广场舞，你也去跳一样。这种风气，会形成群体效应，有很强的促购作用。当主播的直播间统一出现666或者888，在屏幕上形成飘屏时，会让新进来的粉丝觉得直播间热度非常高，气氛非常热烈，关键还给人一种粉丝们很团结的印象。这样对直播间的互动以及用户的停留有很大帮助。

（4）发红包、优惠券。主播直播过程中会定时地发红包，也是延长用户在直播间停留时间的很重要的一种方法。每次直播时，主播要经常地给大家发发红包。主播记得要在上一次直播时预告，并且在直播期间不时地提醒大家几点发红包、首次进直播间有红包、点关注有红包等。即使粉丝都是冲着红包来的，新主播也要用这一招，因为新主播很需要提高人气，这个方法的确能够让主播在短期内提高粉丝量和互动次数，互动量上来了自然有更多的人跟风而来。

（5）疑问结尾。疑问结尾指的是主播在直播最后，应尽量以一些带疑问的话题、语气结束直播，要让观众能继续跟你聊下去，不要自己把话题说死了，让人没法搭话。

（6）控屏，特定回复语设置。直播间用特定回复语来烘托气氛，可以根据不同的环节设置特定回复语。比如，在与粉丝互动环节，可以设置特定回复为“觉得好用的扣666，想要再买的扣888”；在开播热场和下播告别的时候，欢迎和谢场回复语可以设置为“么么哒！”；在上架产品秒杀前，为营造急切的购买气氛，回复语可以设为：“必须买！想要！买它，买它！”这些特定回复语还有很多，主播只需要针对不同场景进行设置即可。此外，还可以制造出在直播间爆单的提示音，甚至可以对“引导关注主播”等进行设置。主播可以在直播间进行敏感词设置，可以将敏感词分为常设敏感词和动态敏感词，然后针对产品和活动做灵活调整。在直播前，主播要提前了解敏感词的内容，结合敏感词做气氛引导。其实直播控屏是为了把控直播间的节奏、扼杀恶意抹黑的评论、放大产品的卖点。如果在直播间看到粉丝出言不逊，甚至很恶劣的评论，最好不要轻易拉黑粉丝，可以先消除不良评论，避免形成信息干扰。这里提醒大家，在直播时要优先进行敏感词信息过滤，引导正面反馈，提高下单成交量，然后去掌控直播间的局面，带动直播间的氛围。

第三，掌握直播间配合技巧。主播最少要有一个主播助理。主播助理需要做什么工作呢？主播助理需要掌控节奏、准备备播品、准备促单道具、自造噱头或问题，以及应对突发情况。其具体工作内容包括：掌控节奏，敏感词控屏，气氛把控；准备备播品，进行备播品排序、过款产品布置；准备促单道具，如计算器、秒表、尺码表，随时待命；自造噱头或问题，没事找事，配合主播成交；应对突发情况，如主播离席处理，黑粉差评紧急处理。这里特别强调一下，主播助理的工作也是非常重要的，一点儿也不比主播的工作轻松。比如，主播离席和中场休息时，助理要及时补位，维持直播间热度。那么主播助理需要自造噱头或问题时应该怎么做呢？例如，助理可以用提前策划好的问题提问主播："咱们这个产品能机洗吗？"助理筛选出粉丝提的正向问题告诉主播："有宝宝问×××，能用吗？"这些都是助理配合主播成交的辅助技巧。

其实主播助理需要配合主播的环节还是挺多的，主播助理这个角色是容易被忽视的重要角色。直播不是单人的"脱口秀"，而是双人"说相声"，主播直播是需要助理配合的。想一想，你看过的带货直播，有没有助理的影子呢？我们常看的带货直播基本上都有助理的配合，比如李佳琦的小助理、薇娅的助理姐妹团，罗永浩也是有助理团的。在直播带货过程中，还有一个环节需要主播助理去配合，就是秒杀促单。比如，主播询问助理库存还有多少？助理根据直播间人数汇报库存数量。主播安排助理和厂家沟通尽快确认是不是可以129元定价销售？主播质问助理为什么价格标错了？这个价格怎么能卖？这些都是引导促单和秒杀配合的小技巧，刺激粉丝快速下单购买。那么主播与助理之间的默契配合需要注意哪些事项呢？下面我给大家一一列举出来：

（1）主播在直播的时候，助理应该时刻配合主播的直播流程，更换样品，并准备新样品展示需要的辅助道具，如手电筒、计算器、秒表、克秤重之类。

（2）助理要时刻注意主播的直播进度和节奏，通过提示板提示主播调整节奏。比如，在暖场3分钟内，如果主播和粉丝聊嗨了，忘记了进度，助理要尽快用提示板示意主播加快进度，尽快进入下一个环节，保持节奏。

（3）直播期间，助理负责管理直播间的公屏敏感词并设置屏蔽，一定要用提示板提示主播，避免出现乌龙。比如，主播在和粉丝互动期间引导大家：“各位家人朋友们，是油性皮肤多还是干性皮肤多？公屏上给我回复一下吧。”可是油性皮肤被助理设置屏蔽了，这时候主播看不到公屏上有油性皮肤的反馈，会觉得很奇怪。如果主播再来一句：“你们都没有油性皮肤吗？都是干性皮肤？”这时候就搞成乌龙了，粉丝就会说：“我们都回复了，你看不到那肯定是设置了屏蔽，你们太套路了……”粉丝对主播的信任感会瞬间瓦解，甚至在公屏上会出现很多负面词汇、攻击性语言，会严重影响直播带货氛围。

（4）直播期间主播在介绍产品时，公屏上会有很多咨询问题。如果主播经常回复这些问题，会严重影响直播节奏，也容易打断主播的思路，这时候助理要及时地跟进，快速地在公屏上挑选一些正向的问题，艾特提问的人进行回复。如果公屏上出现一些反向、负面的问题，主播来不及屏蔽，助理就要快速在公屏上留言，留言要简短，速度要快，条数要多，要把这些反向、负面的问题顶出公屏，减少它们对于直播间氛围的破坏。对这些问题，直播助理要时刻保持警惕并快速反应，及时处理。

（5）主播在直播时，有时候会忘词，或者忘记介绍产品的重要卖点，所以助理要给主播准备一个提示板，最好是大一点的，可以翻页的，这样主播在介绍每一款产品的时候，助理只要翻到对应的介绍页面就可以了。在直播界面上方可以展示产品的关键信息，用以提示刚进入直播间的粉丝。产品卖点和价格数据清晰地展示在直播界面上方，也能促进粉丝下单。

（6）主播在直播的时候，经常要与助理进行话术配合。有时候助理用的是话外音，本人不进入直播画面；有时候直接进入直播间和主播之间进行话术互动或者进行产品演练，和直播之间话里带话地把主播想要表达的重点内容引发出来。助理还可以用小号故意在公屏上问一些提前设计好的问题，来引导主播把想说的重点内容表达出来。

（7）对直播间需要现场测试的产品，主播会与助理之间进行配合演示。比如，李佳琦经常在直播间和小助理配合做演示；借用助理的手、助理的脸、助理的嘴唇等，进行快速直观的现场演示，给粉丝展示产品特点。

（8）主播在直播的时候，助理需要管理好小店后台，避免掉车。同时助理要配合主播进行价格调整。有时候为了营造一个降价的氛围，主播刻意把橱窗商品的价格进行下调，这时候助理要快速地登录后台，对产品价格进行调整。

第七章

直播后总结

一定要仔细思考这种产品或思想是否每天都能被目标顾客所处的情境诱发出来，而不是考虑产品的趣味。

——乔纳·伯杰

7.1 如何做直播复盘

一场直播结束后事情并没有做完，我们要对这场直播进行复盘总结。接下来我从直播间数据记录和数据分析以及个人经验等方面跟大家讲直播复盘，带大家快速复盘一场直播，找到直播带货的窍门。

第一部分：对直播间的数据进行记录。

如果是主播自己一个人做直播，那么主播在直播过程中就要费心把自己的一些重要直播数据记录下来；如果主播有运营或者助理的话，那么让他们帮你记录数据。

那我们要记录哪些内容呢？

第一，记录每天的开播时间和开播时长，时长反映出主播体力的上限，时间对应选择的人群。一般黄金时间段有两个：一个是早上的7点到10点；

一个是晚上的7点到11点。早上的7点到10点，女性比较多，比如孕妈、宝妈和老年妇女，她们一般喜欢早起，而且起床后事情不多，会看直播。这个时段直播转化率很高，而且早上竞争相对比较小。晚上是互联网人群最活跃的时间段，这个时间段大家都上网，基础人流量是很大的，并且在这个时间段开播的大主播非常多，竞争也非常激烈。如果是非常有实力的主播，可以去晚上开播；如果是新主播，觉得自己没有那么强，那么建议选择早上开播。

第二，要记录直播间的销售额和成交订单数量。

第三，要记录平均每30分钟的在线人数。腾讯直播目前没有记录在线人数这个功能，但是淘宝和抖音、快手都能够看到当下直播间一共在线多少人。这个数据有什么用呢？我们通过数据对比就可以知道自己每天做直播的时候，人多或者粉丝最活跃的那个时间段是几点到几点。直播间的人数肯定是有峰值、有低谷的，知道了每天人数峰值的时间段，那么主播以后在设计选款的时候，就要把当天的大爆款、引流款和最想主推的款放在这个时间段播出。

第四，要记录这场直播每件产品的产出、在线。每件产品的产出主要体现为订单数和销售额。在线又是什么呢？记录在线是为了观测粉丝是否喜欢这款产品以及这款产品是不是自带热度。如果这个产品非常好的话，直播在线人数就会提高；如果产品很差，在线人数会明显下降。

第五，要计算每天的引流成本和维护成本，主要是记录每天在宣传推广上花了多少钱。比如，要记录直播间每天做付费推广的情况，不管是在抖音上买豆荚或feed流，还是在快手上买粉条，还是在淘宝直播里面买直通车和超级推荐。主播要计算自己每天花费了多少费用，买回来多少个粉丝，引流成本是多少，这决定了直播间的引流效果。然后主播还要计算自己的粉丝维护成本。维护成本具体是指什么呢？主播今天在直播间里面抽了多少次奖，发出去多少奖品等，这都是维护成本，主播的维护成本和引流成本其实决定了直播间的利润率。

第六，要记录直播新增多少粉丝，也就是主播的粉丝转化率。粉丝关注是一个比较重要的内容指标，主播在直播间的表现足够好，输出的内容足够优秀，粉丝关注就会足够多；粉丝基数大了，销售额也会越来越高。

第七，要记录直播间里面粉丝提出的问题。一般粉丝提出的问题分好多种，有的粉丝可能会问一些跟产品相关的问题，如果主播当时答不上来，就可以记录下来，之后去找相应的解决方案，通过自己的微信群或者下次直播的时候给粉丝解答。有的粉丝会反映一些关于产品售后的问题，主播也要记录下来，方便决定是否继续跟供应商合作，或者是去跟供应商反映，让供应商加强对粉丝的维护。以上都是主播直播过程中需要记录的内容。

第二部分：分析哪些内容。

当我们记录了这些内容之后，主要分析哪些内容呢？首先分析开播时长。我会建议每一个主播刚开播的时候，每天要播够至少五个小时，同时开播时间可以选择在早上7点或者晚上7点。主播在刚开播的时候，如果选择了晚上7点钟开播，但是播了一段时间之后，发现流量持续不好，那么可以尝试换到早上7点钟做直播。坚持一段时间之后，主播可能会对自己是适合在早上播还是在晚上播有一个清楚的认识，以后就可以选择其中的一个时间段作为长期稳定开播时间。

其次分析销售额和订单数，还有订单转化率。订单转化率是什么意思？就是用当天的订单数除以当天进入直播间的人数的结果。打个比方，每100个人进入直播间，是其中的3个人下了单，还是10个人下了单，决定了主播的订单转化率是3%还是10%。淘宝的订单平均转化率在3%左右，抖音的订单平均转化率在1%到2%，因为每一个平台的粉丝质量不同，所以它们的订单转化率也不同。当然这个订单转化率会随着主播直播间以及销售产品的平均价格，甚至是直播间卖的不同品类的产品而变化。比如，服装类产品和美妆类产品的订单转化率肯定是不同的；卖50元的产品和卖500元的产品，订单转化率同样也是不同的。所以一般我会建议大家，如果在抖音和快手平台做直播，就关注自己直播间的订单转化率有没有在1%到2%之间，就是100个人去你的直播间，有没有产生1到2个订单；1万个人进入你的直播间，有没有卖100到200单；10万个人要卖1 000到2 000单。同理，如果你是在淘宝平台做直播，就要看每100个人进入你的直播间，能不能产生3个以上的订单。如果达标了，就说明主播的订单转化率是合格的。订单转化率可以判断整场的选品和主播表现是否优秀。

分析完订单转化率，我们还要分析转粉率。转粉率就是平均每100个没有关注你的新粉丝进入你的直播间之后，这100个人里面有多少个人点击了关注。一般情况下每一个平台转粉率都在2%到7%之间，根据主播的水平来衡量，表现差的在2%以下，表现好的在5%以上。能够达到7%的转粉率，是像李佳琦这种水平的主播，即每100个人进入直播间，会有7个人成为他的粉丝。主播平时可以关注一下，看看自己每天的涨粉与每天新进入直播间的流量比例是多少。

我们还要考虑在线停留时长，它是跟在线人数相关的。每一个粉丝在直播间停留的时间越长，那么直播间在线人数是不是就越多？所以，在线停留时长是评判直播间内容好坏的标准之一。当然，如果直播间里面在线的都是老粉的话，那他们的在线停留时间肯定是比较长，因为很多人刚进入你的直播间，可能前三秒看见你没有什么演示就退出去了。这个时候他的在线时长只有3秒钟。但是你的老粉不一样，你的老粉在直播间里很可能会看10分钟、20分钟，甚至陪伴你做完整场直播。老粉的平均在线停留时间肯定是比较长的，新粉的平均在线时间肯定是短的，我认为，按比例算老粉和新粉平均在线停留时长能够做到4到10分钟的主播，都是优秀的主播。在线时间太长了也不好，为什么呢？因为主播粉丝在线平均停留时间太长，说明直播间没有新粉丝进来，直播间没有新流量进入；太短了也不好，说明粉丝黏性不强，直播内容不行。所以，粉丝的在线停留时长要做到4到10分钟，效果比较好。

通过分析这些数据，可以评判本场直播的整体状况是好的还是差的，还可以将今天的直播表现和昨天的直播表现进行对比，可以看订单转化率、在线停留时长和直播间转粉率有没有提高。只有分析这些内容，才能评判主播今天到底有没有比昨天更进步一些。这些数据从哪里看呢？比如，在淘宝直播的，可以通过数据分析软件优大人查看，或者查看淘宝直播的中控台；在抖音直播的可以查询飞瓜数据和蝉妈妈；在快手直播的可以查询飞瓜或者壁虎。这些都是平台级的数据分析平台，大家可以去百度搜索这些平台。

此外，还可以进入PC端数据后台查看数据。通过对直播的流量数据进行分析，对这场直播进行回顾总结，找出问题点，我们要对直播数据做优化，也就是进行直播间的优化。可以优化的方法有哪些呢？比如：提升玩法，多上引流秒杀款；如加强主播讲解的引导力、感染力亲和力；将货品的类目、性价比、价格与目标人群进行精准匹配；重新布景。

我们怎样对直播的数据情况进行分析呢？比如，商品展示1 700次，商品点击0次，那说明没有用户进行点击，我们推断直播间内主播的引导力、货品的吸引力不足，更深层的原因可能是账号的粉丝定位与直播间的电商产品不契合；如果说商品详情页访问次数为10次，订单量为3，那么商品详情页-生成单的转化率为30%，算是比较高了，说明产品对点击进来的用户吸引力较大。我们需要重点分析的数据包括用户停留时长、互动率、商品点击与转化。商品点击数代表主播的引导能力与货品的吸引力。如果想提升直播间的商品点击率，就需要丰富产品的SKU，并且主播在引导时要反复强调产品优势，如产品价格、秒杀活动等。

接下来我们进行个人直播经验的总结。我将围绕直播运营管理的五大因素——人、机、环、料、法，详细地跟大家讲讲我的心得。

第一因素“人”，即团队成员需要对与直播相关的分工配合情况进行总结。在团队协作过程中，不同性格的团队成员会呈现不同的做事风格，应充分发挥成员的优势，尽量避免呈现成员的劣势，尽量减少人为失误。

第二因素“机”，即团队人员需要对直播硬件设施的使用情况进行总结，对场地的布置、直播手机的性能、电池的耐用程度、道具的尺寸设计等都进行讨论和总结。

第三因素“料”，此处的“料”主要指直播台词、直播环节设置、直播互动玩法、直播开场与收尾方法等提前设计好的内容。虽然这些内容已经提前设计好，但是需要总结分析内容是否有效发挥、有无未考虑到的环节而导致现场混乱等。

第四因素“法”，即团队成员需要对直播前的方案正文、项目操盘表、项目跟进表等进行总结，尤其是重新评估项目操盘表是否具有实际指导价值、项目跟进表能否有效地引导团队成员进行直播相关运作等。

第五因素“环”，即团队成员需要对直播环境进行总结，主要针对现场声音清晰度、灯光亮度、现场屏幕流畅度等方面进行讨论和回顾。除此之外，还需要重新在直播网站进行环境评估，重点评估直播现场画面在网页及移动端的适配程度。

通过对直播数据以及个人经验两个方面进行系统的复盘分析，直播中存在的问题也就一目了然了，在这之后，还需要进行归类与整理。直播过程中的各个环节达到预期甚至超预期部分，可以作为经验进行记录，便于下一次直播时做参照；未达目标甚至影响最终效果的部分，需要总结为教训，在后续直播中尽量避免重蹈覆辙；在直播过程中遇到的新问题、在策划环节没有考虑到的问题，都需要记下来，后续直播策划时必须将它们考虑在内；遇到问题后的解决方法，也需要记录下来，此类方法尤其对加入团队的新人有指导意义。这样做，会让主播的带货成绩越来越好！

7.2　如何拆解优秀直播案例，为我所用

这一节我们说一说如何做一场直播的拆解，即把案例中好的技巧拆解出来，为自己所用。例如，我们可以拆解薇娅直播到底是一个什么样的节奏，她是怎么去设计整场直播脚本的。

首先要做的是一个单场5分钟的拆解。前面我们讲了直播脚本221结构，我们看下薇娅直播的5分钟，看她是怎么做221的。然后看一下整场回放，可以从四个角度来分析，一是开场的抽奖以及预热预告；二是开场的快速过款，就是薇娅每次开直播之前，会先把本场直播的十几个比较好的产品去做一个快速讲解；三是正式过款；四是结尾的时候做下期的预热和抽奖。我们可以看一下薇娅直播的回放，然后总结一下薇娅直播用到的技巧。

通过观看薇娅直播的回放，我们可以总结出下面8个优秀的直播技巧：

（1）直播第一件事，抽奖。“废话不多说，我们先来一波抽奖。”薇娅直播后的第一件事就是抽奖。用抽奖的方式吸引用户，在活跃直播间气氛的同时，还能让用户有一种参与感。不管是哪场直播，什么主题的直播，薇娅直播一开始都是雷打不动地进行“抽奖”。而且，抽奖口令简单且具有标签性，比如哆啦薇娅；或者和节日相关，比如愚人节快乐；或者和产品相关。固定的开场形式，无形中培养了用户观看直播的习惯。对于老用户来说，即便抽不到奖也想去凑凑热闹，也因此会蹲点看薇娅直播。

（2）预告所有产品优惠。抽完奖品之后，薇娅会预告直播间的优惠，让用户做到心中有数，并把最大的优惠“剧透”出来，提升用户的期待值：“今晚有××的卫衣，还有××的鞋子，不过数量都比较少，总共只有5 000件，今天直播间会有经典款的秒杀价格……另外今晚有××，有××，比双11还要便宜；还有××，那个我很喜欢，我经常吃……”（直播开始前把优惠力度比较大的货过一遍）值得一提的是，薇娅直播预告的整个过程非常自然，和用户聊着天顺便把直播要带的货预告完了。

（3）收集用户的需求。薇娅直播还有一个特点，直播过程时刻保持和用户互动，像和朋友唠家常一样了解用户的顾虑，收集用户的需求，用户想要什么薇娅就卖什么。很多人表示薇娅就像哆啦A梦一样，什么都有，什么都卖，因此薇娅被大家叫作“哆啦薇娅”。据说，粉丝点名要的东西，薇娅直播间基本上都卖过，从杯子、镜子到背景里的灯饰、窗帘。除此之外，薇娅还会根据大家的需求和反馈与用户建立强连接，亲切地称用户为“薇娅的女人"，拉近和用户的距离，增强彼此之间的信任感。薇娅把所有能卖的东西都"塞"到直播间里，引导用户对直播间的产品产生好奇，比如在直播间放上小小贤玩偶、运动专用帆布包、知识日历等所有可能会卖的周边产品。

（4）将缺点变成优点。薇娅播出的产品自己都有试用过，她向用户讲解产品功能的时候，会多维度地呈现商品的优缺点，让用户感觉很真实，没有套路。她不会夸大说产品适合所有人，而是会特别强调适合什么样的人，不适合什么样的人，她甚至还会把"缺点"说成对某类人群来说是"优点"。举例来说，薇娅有一场直播卖花洒是这样说的："这个花洒的缺点是，不像别的花洒那样有喷射式的"猛"水流，它的水流有点点小……不过完全不影响，这种小水流特别适合女生，对皮肤很好……"

（5）扩大产品受众人群。薇娅直播还有一个特点就是，想办法扩大产品的目标受众，讲述产品的多个使用场景。比如，在直播卖"错题打印机"时，薇娅会在讲解完产品的基本功能——打印错题后，呈现一个全新的产品使用场景："这个不仅仅孩子可以用，大人也可以用，可以用来打印手抄本、便利贴……如果你买的是化妆品，说明书上面都是英文，你看不懂，这时就可以把（化妆品英文注释）打印出来贴在瓶子上面——我妈就是这么干的。"

（6）聊使用体验，打消客户疑虑。薇娅在直播的时候，总会和用户有意无意地透露，身边的人都在用直播间里的一些产品，比如说："团队的小伙伴在用、员工在抢、家里人都在用；这就是在我家洗漱台上的那种面膜，这个我老公也在用，我妈在用，我给我女儿也买了一个，她总是用来……”简单的几句话，在无形中增强了用户的信任感，提升了用户的忠诚度。

（7）阶梯式优惠。薇娅直播间的促销逻辑是“转折式连续惊喜”。什么意思呢？直播时先做铺垫——这款产品有多好，再告诉用户自己拿到的是全网最低价，而且有买有赠！这几招下去，一般人都抵抗不了诱惑。（我就是被扑面而来的赠品和优惠“降伏”的）薇娅还有一个典型的“优惠”技巧：阶梯式优惠。比如，在报某商品的价格的时候，一般会这样说：“第一盒19.9元，第二盒9.9元，第三盒不要钱；第一件39元，第二件19元，第三件9元，第四件免费送……”粉丝要一下子买好几份才划算，不小心掉进“多买更便宜”的“心理陷阱”，实际粉丝只需要一件就足够了。

（8）限时，限量，限价。薇娅直播间的核心竞争力是“性价比”，并且还具有限时、限量、限价三个特性。在直播间，会经常看到她的团队小伙伴在抢购，有时候就连她自己也在抢购。同时，她会再配合使用限时、限量、限价的相关话术：“半价都不到，这个优惠价格，只有在直播间才能享受到，今晚我的直播间只有××份，抢完就没了……”薇娅会限制每款链接的数量，追求的是“尽量一次卖空+有可能补货”，这也是很多大主播的通用套路。货品基本上不会一次性上完，先上一批商品让大家秒，这样一来商品很容易被抢空。每次商品被秒光了，薇娅都会问团队的人：“还能加货吗？”营造一种销量火爆的氛围。大部分情况下都能再加，实在不能加的还会把那些没有付款的“踢掉”。最让人招架不住的要数薇娅在说完优惠、赠品之后的那句话，她早早就帮粉丝算好了怎么买最优惠：“倒计时5—4—3—2—1，上链接，来，什么都不要管，拍两份，拍两份是最优惠的……”

除了以上的情况，用户为什么会买单？这其实是一个了解用户心理和用户行为的过程。在不同的直播间，用户的购买动机不同，大致可以分为：为主播买单，为价格买单，为知识买单，以及脑子一热；而用户看直播下单的主要动机就是前两种。

一是为主播买单。通常大主播都具有强大的魅力和号召力，比如罗永浩、陈赫这样自带流量与话题的主播。

二是为价格买单。这主要是因为主播直播的商品具有高性价比，直播间的价格在其他地方拿不到。在这种情况下，如果主播有强大的供应链及谈判能力，商家就愿意合作，也愿意进行价格保护。这既可以说是主播带动了商品，也可以说是商品带动了主播。薇娅、李佳琦都属于这一类，提供便宜实惠的产品是打造专业主播的第一步。

但低价促销不是良性的发展，不断给主播低价，让自己的商品参与促销，品牌商会渐渐发现诸多问题：

问题一，通过低价和促销来换取单场直播的销量，直播结束商品恢复原价后产品便立刻失去了所谓的竞争力。最终用户只会认为主播是良心主播，也只会让主播获得更多粉丝忠诚度。

问题二，品牌商不会毫无节制地给到主播低价，没了价格优势主播会失去流量，生存会非常艰难。

引来外部流量是为了内部留存，主播在用户已有信任感的基础上推出个人品牌，是探索可持续盈利模式的重要一环。但直播带货靠的是一套完整的供应链模式，比起赚商品佣金，不少头部主播已经转为直接向厂商定制，从而降低成本，整合建立自己的供应链。所以主播打造超级供应链的商业模式是未来直播变现的大势所趋。

附录

1 抖音直播实战案例详解

2 互联网直播营销信息内容服务管理规定（征求意见稿）

未来所有的商业过程都是可视化的，可追溯化的。

——杜子建

1　抖音直播实战实例详解

李佳琦直播实战案例

一、直播前筹划

1. 人

（1）主播、助播和工作人员。

（2）公域流量：微博发布直播预告（见附图1）。

（3）私域流量：微信公众号、社群、朋友圈发布直播预告（见附图2）。

（4）抖音发布视频。

（5）固定开播时间：20:15或者20:30。李佳琦的粉丝在这个时间段一般都是在吃饭，或者吃完饭后在休息，有充沛时间看直播。

3:24
返回
微博正文
李佳琦Austin
+关注
母婴小专场直播开始啦！
超多母婴爆品，快进直播间买它！
关+带#李佳琦直播#话题转评赞，抽100人每人100元现金红包！
微博直播
抽奖详情
11月30日晚20点15分，记得准时来直播间；大家近期若要出门记得戴口罩、勤洗手、不扎...
转发
评论
赞
3:24
返回
微博正文
李佳琦Austin
12-3 23:37 已编辑
+关注
来划重点了！
12月5号晚8:15零食节来咯
快来佳琦直播间买它！
关+带#李佳琦直播#话题转评赞，抽100人每人100元零食购物红包！
分享到
转发
评论
赞

附图1

3:24
李佳琦Austin
李佳琦Austin唯一官方公众号，每天下午推送当晚直播预告！欢迎所有...
关注公众号
关注必看
双11必看
找到佳琦
昨天 下午5:00
李佳琦直播预告
爆品霸屏！今晚李佳琦直播间阿宽甜水面、MOUSSY卫衣、薇诺娜、怡思丁......
重磅剧透！12.5所有女生的零食节超多爆款好货提前曝光！！
重磅剧透
星期三 下午4:59
李佳琦直播预告
3:24
爆品霸屏！今晚李佳琦直播间阿宽甜水面、MOUSSY卫衣、薇诺娜、怡思丁...等你来~
李佳琦Austin 昨天
+7新品秀
直播结束先别走
新品秀福利等你来！
OMG
快买哎哎哎买它
今晚直播间等你哦
今日直播速报

附图2

2. 货

选品定价。直播带货最重要的两个关键词就是：主播和产品。对于选品，李佳琦有专门的团队。

选品团队会根据产品的广度、市场上的热度以及价格来进行把控。团队选品有三道程序：首先，由团队选品并试用；其次，李佳琦从团队试用出的优质产品中做进一步选择；最后，经过李佳琦本人和小助理试用后进行直播售卖。而且，李佳琦选的最低端的产品都是天猫旗舰店的商品。

美ONE团队会对合作的产品进行评估，分析使用该产品用户群体的评价、产品的特性、产品的来源、产品的信任背书以及产品的价格，评价该产品是否达标。同时，李佳琦还有一个优势，就是美ONE公司直接与淘宝进行合作，所以李佳琦销售的商品，基本都能拿到全网最低价。

选品严格把控，用户买得放心，用得安心，他们对李佳琦就越来越信任，就会一次又一次光顾李佳琦直播间，进行一次、两次乃至多次产品的复购。

李佳琦严谨地选品，粉丝无限地信任，才使得李佳琦越做越大，主播产品与粉丝相辅相成，不可或缺。

3. 场

（1）直播环境。直播间内干净的桌子，明亮的灯光，摆满商品以及带有“李佳琦直播间”特色的背景墙。整体风格简单、干净、整洁，一进直播间就给粉丝呈现出一种专业感，让粉丝一眼就爱上该直播间。

（2）道具准备。李佳琦直播间都会准备一些常用的道具——计算器、手机、小白板、宠物狗、声卡等（见附图3）。

道具能使直播间抽象的内容具体化。比如计算器，嘴上说××产品多少钱，整个组合套餐价格多少，很抽象，用计算器把这些价格在直播间内现场给粉丝展示，就把抽象的价格具体化了，促使观众下单购买。在下单购买环节，小助理会在直播间用手机演示完整的领优惠券下单操作流程，减少了某些粉丝因不会下单而流失的风险。

附图3

二、直播中控场

1. 人

（1）主播：看过李佳琦直播的用户都知道，李佳琦在直播间永远充满激情，全程都处于亢奋的状态。主播激情满满，肯定会带动直播间内所有人，毕竟人都喜欢跟积极乐观的人在一起。

直播时，李佳琦的语速快，音量大，音调高，这些丝毫没有给观众带来不好的感觉，反而为李佳琦频频出现的“金句”起到辅助作用，给直播间带来持续不断的活跃度。

李佳琦在直播过程中会不断对粉丝的评论做出反应，积极与粉丝互动，并且在每一次互动中，他都会表达对粉丝的感谢。对他而言，每一次互动都是宠粉的好时机。

在产品下单环节，李佳琦会不断在直播间向粉丝传达更新补货的信息和发送购买链接。

（2）助播：全程跟随主播的节奏，讲解产品、回答问题；在主播不在镜头前的几分钟，充当主播的角色，不让直播间冷场。同时，还需要把握恰当的时机，调节直播间的氛围。

（3）工作人员：产品上架，充当直播间客服解答问题等。

（4）用户粉丝群体。

2. 货

（1）产品上架流程。每次开播时，李佳琦都会在直播间大声喊：“来咯，佳琦来咯，我们的直播开始咯……”1秒入镜，直接带动直播间氛围。

简单互动之后，李佳琦就会把今天所播的产品做一个简单的介绍，方便不能来看直播的粉丝看回放。

直播开场，一般都会上架“引流款”，这种产品价格低，可以用来调动直播间的氛围。

接下来推出“宠粉款”。这是价格便宜的爆款产品，性价比高，用户评价不错；

然后推出“利润款”，目的是走量，所以这个时候对于直播间的氛围要求很高，直播间必须非常活跃，不然很可能会翻车，因为赚钱就主要靠利润款。

最后推出一两款价格高的“战略款”。

根据现场情况，循环上面直播流程，最后通过“引流款”等产品结束直播，并在直播结束前告知用户下次开播时间和直播安排，为下次直播做预告与预热。

（2）产品介绍。直播带货的关键，就是通过语言和动作把产品的亮点展现出来，吸引用户关注。比如，卖口红时可以这样介绍“天不怕地不怕的颜色”“接触到你嘴巴上，它就变成水，这是我用过的最薄的口红”“这支唇膏在嘴巴上面会跳舞”……

除了产品描述外，李佳琦也会在直播中跟粉丝分享专业知识，教大家正确护肤、化妆，以及不同化妆的作用、特点和注意事项。

专业性的知识介绍让粉丝加深了对李佳琦“美妆专家”“护肤专家”的印象，更加深了对李佳琦的信任。

（3）话术。

a. 从众心理。通过具体案例，给用户吃下“定心丸”，让用户觉得买它不会错。比如，可以使用的话术：“这款产品我们在抖音已经卖了10万套”“我们直播上架前旗舰店已经卖了2万份，零差评”“这款产品是××国美妆护肤类销量排名第一的产品”……

b. 强调最低价。李佳琦在直播间会一直强调最低价、免费赠送、××折，他不断强调、不断重复，用户在无形中就会被打动。

c. 占便宜心理。利用顾客占便宜的心理以及使他们产生害怕错过美好东西和便宜价格的紧迫感。抢到了，是惊喜，没抢到，下次更快下手。比如，可以使用这样的话术："最低的价格，还有赠送！""倒计时，3—2—1""最后一次补货，MM们赶快抢"……

d."自用款"为粉丝担保。"我自己都在用"，这是主播的信任背书。比如说："李佳琦自用款"……

e. 独特的促单话术："OMG！""买它！买它！买它！""所有女人们！"……

3. 场

介绍几款产品之后，李佳琦会在直播中加入一些活动：抽奖、发红包、发福袋、发优惠券等。在整点，全网直播间点赞清零，所有主播都在一条起跑线上，想要起跑就领先，活动是必须要做的。

活动不仅可以增加直播间的活跃度，还可以为直播间带来源源不断的流量。

三、直播后总结

1. 售后服务

所有顶级主播，都有一套严格的售后服务标准。产品出现问题，主播应积极向粉丝表态："会跟商家协调，实在不行，我自己给大家补……"

2. 私域搭建（进入粉丝群）（附图4）

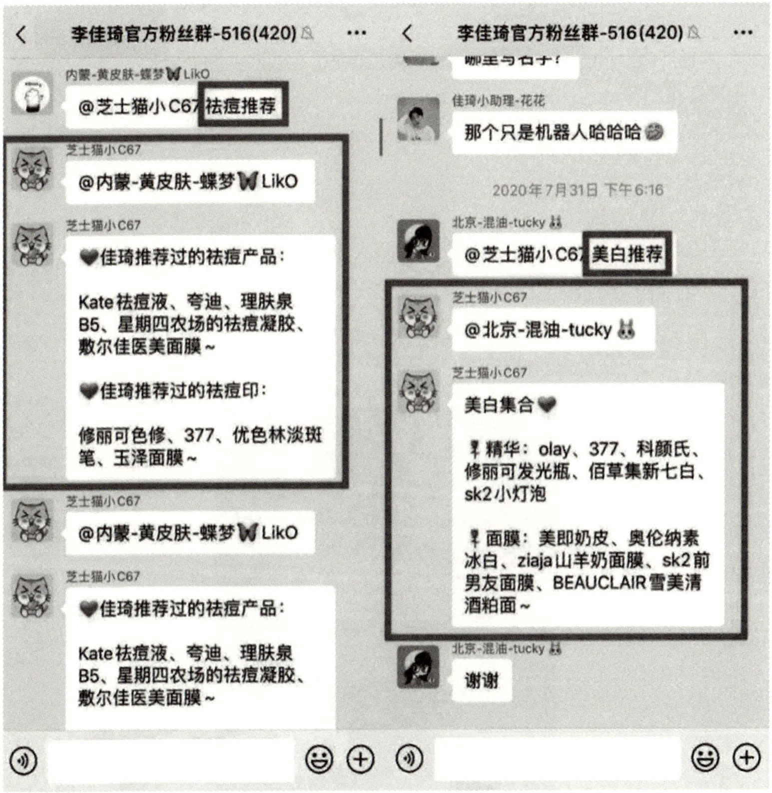

附图4

乘风破浪毛毛姐抖音直播实战案例

一、直播前

1. 人

（1）主播、助播和工作人员。

（2）个人信息预热（昵称）（见附图5）。

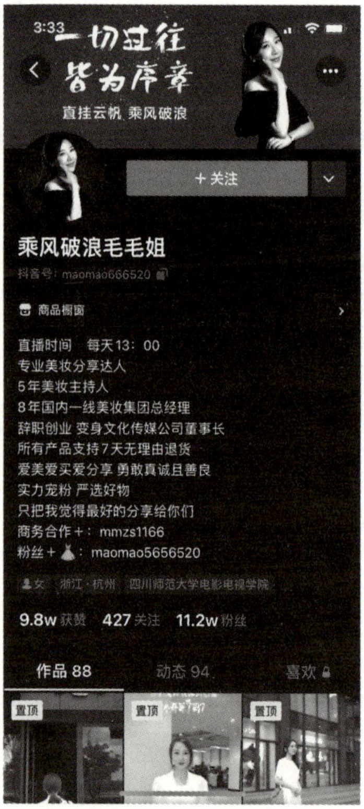

附图5

（3）短视频预热（见附图6）。

附图6

2. 货和场

乘风破浪毛毛姐与各大品牌合作，直接在大品牌下面商城中进行直播。

二、直播中控场

1. 人、货、场（参照李佳琦）

2. 直播花絮

直播过程中播放主播直播花絮，现场发抖音。直播花絮也是直播间流量来源之一。

三、直播后总结

售后服务

由厂家自己的客服团队提供服务。

乘风破浪毛毛姐案例：这是一个新号，视频内容全是每场直播前的预告和预热，中间发布的花絮视频，在直播结束会直接隐藏。

抖音上想要零粉丝直播带货的可以参照“乘风破浪毛毛姐”的直播模式。她的账号与李佳琦的区别在于：流量获取。直播间通过发布预热视频、直播引流以及分享到自己的微信群等方式获取流量；直播中全网带货主播都一样；直播后，直接由合作的品牌方提供售后服务。

2　互联网直播营销信息内容服务管理规定（征求意见稿）

第一章　总则

第一条　为加强互联网直播营销信息内容服务管理，维护国家安全和公共利益，保护自然人、法人和非法人组织的合法权益，促进互联网直播营销行业有序发展，根据《中华人民共和国网络安全法》《中华人民共和国电子商务法》《网络信息内容生态治理规定》等法律法规和国家有关规定，制定本规定。

第二条　在中华人民共和国境内从事互联网直播营销信息内容服务，应当遵守本规定。

第三条　从事互联网直播营销信息内容服务，应当弘扬社会主义核心价值观，坚持正确导向，遵守法律法规，尊重社会公德，促进行业健康发展，营造良好网络生态。

第四条　国家网信部门和有关主管部门依据职责负责全国互联网直播营销信息内容服务的监督管理工作。

地方网信部门和有关主管部门依据职责负责本行政区域内互联网直播营销信息内容服务的监督管理工作。

第二章　直播营销平台

第五条　直播营销平台应当依法依规履行备案手续，开展安全评估，并向所在地地市级以上网信部门和公安机关提交安全评估报告。

第六条　直播营销平台应当建立健全账号及直播营销业务注册注销、信息安全管理、营销行为规范、未成年人保护、用户权益保护、个人信息保护、信用评价、数据安全等机制。

直播营销平台应当配备与服务规模相适应的直播内容管理专业人员，具备维护互联网直播内容安全的技术能力，技术方案应符合国家相关标准。

第七条　直播营销平台应当依据相关法律法规和国家有关规定，制定并公开互联网直播营销信息内容服务管理规则、平台公约。

直播营销平台应当与直播营销人员服务机构、直播间运营者签订协议，要求其规范直播营销人员招募、培训、管理流程，明确直播营销信息内容生产、发布、审核责任。

直播营销平台应当制定直播营销目录，设置法律法规规定的禁止生产销售、禁止网络交易、禁止商业推销宣传以及不适宜以直播形式推广的商品和服务类别。

第八条　直播营销平台应当对直播间运营者进行基于身份证号码、统一社会信用代码等真实身份信息认证。

直播营销平台应当建立直播营销人员真实身份动态核验机制，在直播前核验所有直播营销人员身份信息，对于不符合相关规定的，不得为其提供直播服务。

第九条 直播营销平台应当加强互联网直播营销信息内容服务管理，发现违法和不良信息，应当立即采取处置措施，保存有关记录，并向有关主管部门报告。

直播营销平台应当防范和制止违法广告、价格欺诈等侵害用户权益的行为，以显著方式警示用户平台外私下交易等行为的风险。

直播营销平台应当根据直播间运营者账号信用评价、关注和点击数量、营销金额及其他指标维度，建立分级管理制度，对重点直播间运营者采取安排专人实时巡查、延长直播内容保存时间等措施。

直播营销平台应当建立健全风险识别模型，对高风险行为采取弹窗提示、违规警告、限制流量、阻断直播等措施。

第十条 直播营销平台应当加强新技术新应用新功能上线和使用管理，对利用人工智能、数字视觉、虚拟现实等技术展示的虚拟形象从事互联网直播营销信息内容服务的，应当以显著方式予以标识，并确保信息内容安全。

第十一条 直播营销平台应当建立健全未成年人保护机制，注重保护未成年人身心健康。对不适宜未成年人参与的互联网直播营销信息内容服务，直播营销平台应当在信息展示前予以提示。

第十二条 直播营销平台应当建立直播间运营者账号信用评价管理制度，将用户评价和投诉举报、平台处理、监管部门通报等信息作为信用评价指标，根据信用情况确定服务范围及功能，并对直播间运营者账号信用情况进行公示。

直播营销平台应当对违反法律法规和服务协议的直播间运营者账号，视情采取警示提醒、限制功能、暂停发布、注销账号、禁止重新注册等处置措施，保存记录并向有关主管部门报告。

直播营销平台应当建立黑名单制度，将严重违法违规的直播营销人员及因违法犯罪或破坏公序良俗造成恶劣社会影响的人员列入黑名单。

第十三条 直播营销平台应当建立健全投诉、举报机制，明确处理流程和反馈期限，及时处理公众对于违法违规信息内容、营销行为投诉举报。

用户通过直播间内链接、二维码等方式跳转到其他平台购买商品或者接受服务，发生争议时，相关直播营销平台应当积极协助用户维护合法权益，提供必要的证据等支持。

第十四条 直播营销平台应当记录、保存直播内容，保存时间不少于六十日，并提供直播内容回看功能；直播内容中的商品和服务信息、交易信息，保存时间自交易完成之日起不少于三年。法律、行政法规另有规定的，依照其规定。

第三章 直播间运营者和直播营销人员

第十五条 直播营销人员或者直播间运营者为自然人的，应当年满十六周岁；十六周岁以上的未成年人申请成为直播营销人员或者直播间运营者的，应当经监护人同意。

第十六条 直播间运营者、直播营销人员从事互联网直播营销信息内容服务，应当遵守法律法规和国家有关规定，遵循社会公序良俗，真实、准确、全面地发布商品或服务信息，不得有以下行为：

（一）违反《网络信息内容生态治理规定》第六条、第七条规定的；

（二）发布虚假信息，欺骗、误导用户；

（三）虚构或者篡改关注度、浏览量、点赞量、交易量等数据流量造假；

（四）知道或应当知道他人存在违法违规或高风险行为，仍为其推广、引流；

（五）侮辱、诽谤、骚扰、诋毁、谩骂及恐吓他人，侵害他人合法权益；

（六）可能引发未成年人模仿不安全行为和违反社会公德行为、诱导未成年人不良嗜好等；

（七）涉嫌传销、诈骗、赌博、贩卖违禁品及管制物品等；

（八）其他违反国家法律法规和有关规定的行为。

第十七条 直播营销人员不得在涉及国家安全、公共安全、影响他人及社会正常生产生活秩序的场所从事互联网直播营销信息内容服务。

直播间运营者、直播营销人员应当加强直播间管理，在下列重点环节的设置应当符合法律法规和国家有关规定，不得含有违法和不良信息，不得以暗示等方式误导用户：

（一）直播间运营者账号名称、头像、简介；

（二）直播间标题、封面；

（三）直播间布景；

（四）直播营销人员着装、形象；

（五）其他易引起用户关注的重点环节。

第十八条 直播间运营者、直播营销人员应当依据平台服务协议做好语音和视频连线、评论、弹幕等互动内容的实时管理，但不得以删除、屏蔽相关不利评价等方式欺骗、误导用户。

直播间运营者、直播营销人员与直播营销人员服务机构合作开展直播营销信息内容策划、生产等合作的，应当共同履行信息安全管理责任。

第十九条 直播间运营者、直播营销人员使用其他人肖像作为虚拟形象从事互联网直播营销信息内容服务的，应当征得肖像权人同意，不得利用信息技术手段伪造等方式侵害他人的肖像权。对自然人声音的保护，参照适用前述规定。

第四章　监督管理

第二十条 各级网信部门会同有关主管部门建立健全信息共享、教育培训、联合检查执法等工作机制，协同开展互联网直播营销信息内容监督管理工作。

各级网信部门会同有关主管部门对平台履行主体责任情况开展监督检查，对存在问题的平台开展专项督查。直播营销平台对网信等部门依法实施的监督检查和调查，应当予以配合。

第二十一条 违反本规定，给他人造成损害的，依法承担民事责任；构成犯罪的，依法追究刑事责任；尚不构成犯罪的，由网信等有关主管部门根据各自职责依照有关法律法规予以处理。

第五章 附则

第二十二条 互联网直播营销信息内容服务，是指通过互联网站、应用程序、小程序等，以视频直播、音频直播等形式向社会公众推销商品或服务的活动。

直播营销平台，是指在互联网直播营销信息内容服务中提供直播服务的各类平台，包括互联网直播服务平台、互联网音视频服务平台、电子商务平台等。

直播间运营者，是指在直播营销平台上注册账号或者通过自建网站等其他网络服务，开设直播间从事互联网直播营销信息内容服务的自然人、法人和非法人组织。

直播营销人员，是指在互联网直播营销信息内容服务中直接向社会公众介绍、推销商品或服务的自然人。

直播营销人员服务机构，是指为直播营销人员从事直播营销信息内容服务提供策划、运营、经纪、培训等的专门机构。

第二十三条 本规定自2020年 月 日起施行。

致　谢

感谢为本书能尽快出版而辛苦付出的编辑和相关工作人员:见解传媒（MCN）板块负责人高嘉、内容总监王焕、媒介及策划总监潘静、罗平、詹晓韬等。

毋庸置疑,短视频+直播是势不可挡的营销趋势。而抖音共域流量+视频号私域流量的组合将会给每个普通人前所未有的个体突围的机遇——未来，人人都有可能成为网红，未来人人也都应该去建立自己的IP。

2020年如果你错过了抖音短视频+直播的机会，2021年你不能再错过视频号，见解传媒将持续在抖音、视频号构建IP，有关内容为王、知识输出等更多交流欢迎读者到我的微博上留言讨论。

杜子建